LA
GRANDE BIBLE
DE
NOELS,
ANCIENS ET NOUVEAUX,

Avec plusieurs Cantiques sur la Naissance
de Notre-Seigneur Jesus-Christ.

A METZ,
CHEZ COLLIGNON, IMPRIMEUR-LIBRAIRE.
1824.

CANTIQUES

SUR LA NAISSANCE

DE NOTRE SEIGNEUR.

Sur le MAGNIFICAT.

UN Ange ayant dit à Marie,
  Qu'elle concevroit Jesus-Christ,
Et que ce divin fruit de vie
Seroit l'œuvre du Saint-Esprit;
    Toute ravie,
S'en va chez sa Cousine, et dit :

Magnificat anima mea Dominum.
    Et exultavit Spiritus meus.

  Quand je contemple ce Mystère,
Et mon ineffable bonheur,
Que je sois, dit-elle, la Mère
De mon Souverain Rédempteur,
    C'est un Mystère
Qui charme et qui ravit mon cœur.

    In Deo salutari meo.
  Quia respexit humilitatem ancillæ suæ.

  Je me suis toujours conservée
Dans ma profonde humilité;
C'est pourquoi je suis élevée
A cette haute dignité,
    Si relevée,
Sans jamais l'avoir mérité:

A*

Ecce enim beatam me dicent omnes generationes.

Quia fecit mihi magna qui potens est.

Dieu, qui peut tout, pouvoit-il faire,
A mon égard, rien de plus grand,
Que d'être ensemble Vierge et Mère?
O le prodige surprenant!
　　Je le révère,
Et j'en bénis le Tout-Puissant:

Et sanctum nomen ejus.

Et misericordia ejus à progenie in progenies.

Dieu voyant l'extrême misère
Où l'homme ingrat s'étoit réduit,
Il s'appliqua, comme un bon père,
A chercher ce qu'il a produit:
　　Peut-il plus faire:
Que de donner son divin Christ?

Timentibus eum.

Fecit potentiam in brachio suo.

Il aime tous ceux qui le craignent,
Il n'en perd pas le souvenir:
Mais les superbes le contraignent,
A son regret, de les punir:
　　Si les bons règnent,
C'est qu'il a daigné les bénir:

Dispersit superbos mente cordis sui.

Deposuit potentes de sede.

Nous voyons les Anges rebelles
Ressentir les coups de sa main,
Pour n'avoir pas été fidèles,
Aux ordres de leur Souverain.
　　Monstres rebelles,
Il dompta votre cœur hautain;

Et exaltavit humiles.

Esurientes implevit bonis.

Nous étions tous dans l'indigence,
Aussi pauvres que ces esprits,
Lorsqu'ils perdirent l'abondance
Et les douceurs du paradis ;
  Mais sa clémence,
Nous enrichit de leurs débris :

Et divites dimisit inanes.
Suscepit Israel puerum suum.

Recevons un Roi débonnaire,
Après avoir long-temps gémi
Sous le poids de notre misère,
Sous le joug de notre ennemi ;
  Il vient en Père,
Et porte la paix avec lui :

Recordatus misericordiæ suæ.
Sicut locutus est ad Patres nostros.

C'est pour accomplir la promesse
Qu'il avoit faite à nos parens,
Qu'il viendroit bannir la tristesse,
Et les feroit participans
  De ses richesses,
Et qu'il feroit grâce en tout temps :

Abraham et semini ejus in sæcula.
Gloria Patri, et Filio.

Ne perdons jamais la mémoire,
Ni l'estime de ses faveurs ;
Si nous remportons la victoire
Sur les ennemis de nos cœurs,
  Rendons-en gloire
Au Père, au Fils mêmes honneurs :

Et Spiritui Sancto.
Sicut erat in principio et nunc et semper :

Si Dieu n'a pas commencé d'être,
Etant de toute éternité;
Si dans le temps il veut paroître,
C'est son ineffable bonté
    Qui l'a fait naître,
Quoique Dieu dans l'éternité :
  Et in sæcula sæculorum. Amen.

*Description de l'entrée de la sainte Vierge
et de saint Joseph à Bethléem, et du refus
de les recevoir.*

  Sur l'air : *Or nous dites, Marie.*

Saint Joseph.

Nous voici dans la ville,
  Où naquit autrefois
Le Roi le plus habile,
Et le plus saint des Rois.

La sainte Vierge.

Elevons la pensée
A Dieu, qui a conduit,
Nos pas cette journée;
Je vois venir la nuit.

Saint Joseph.

Quelle reconnoissance
Pouvons-nous rendre à Dieu,
De la sainte assistance
Qu'il nous donne en tout lieu.

La sainte Vierge.

Offrons nos corps, nos âmes
A notre Créateur,
Et allumons des flammes
D'amour dans notre cœur.

Saint Joseph.

Allons, chère Marie,
Devers cet horloger,
C'est une hôtellerie,
Nous y pouvons loger.

La sainte Vierge.

La maison est bien grande,
Et semble ouverte à tous;
Cependant j'appréhende
Que ce n'est pas pour nous.

Saint Joseph.

Mon cher Monsieur, de grâce,
N'avez-vous point chez vous
Quelque petite place,
Quelque chambre pour nous.

L'hôte répond.

Pour des gens de mérite,
J'ai des appartemens,
Point de chambres petites,
Pour vous, mes bonnes gens.

Saint Joseph.

Passons à l'autre rue,
Que je vois vis-à-vis,
Tout devant notre vue
J'y vois un grand logis.

La sainte Vierge.

Aidez-moi donc de grâce,
Je ne puis plus marcher;
Je me trouve bien lasse,
Il faut pourtant chercher.

Saint Joseph.

Ma bonne et chère Dame,
Dites, n'auriez-vous point
De quoi loger ma femme
Dans quelque petit coin.

L'Hôtesse.

Les gens de votre sorte
Ne logent point céans ;
Allez à l'autre porte,
C'est pour les pauvres gens.

Saint Joseph.

Parlez, ma bonne Dame,
Ne me pourriez-vous pas
Loger avec ma femme
Dans un lieu haut ou bas.

L'Hôtesse.

Hélas ! je suis marrie,
Monsieur, de n'avoir rien ;
Ma maison est remplie,
Et vous le voyez bien.

Saint Joseph.

Mon bon Monsieur, de grace,
Ne nous refusez pas ;
Ou quelque chambre basse,
Ou quelque galetas.

L'Hôte.

J'ai bonne compagnie,
Dont j'aurai du profit ;
Je hais la gueuserie,
C'est tout dire, il suffit.

Saint Joseph.

Auriez-vous, Monsieur l'Hôte,

Maître de l'Arbre vert,
Quelque grenier ou grotte
Pour nous mettre à couvert.

L'Hôte.

Dans un coin sur la paille,
Avec tous les valets.
Et toute la racaille
Si vous voulez, allez.

Saint Joseph.

Voyons le Cheval rouge:
Madame de céans,
Avez-vous quelque bouge
Pour des petites gens.

L'Hôtesse.

Vous n'avez pas la mine
D'avoir de grands trésors;
Voyez chez ma voisine,
Car quant à moi je dors.

Saint Joseph.

Monsieur des trois Couronnes,
Avez-vous logement,
Chez vous, pour deux personnes,
Quelques trous seulement.

L'Hôte.

Vous perdez votre peine,
Vous venez un peu tard;
Ma maison est fort pleine,
Allez quelqu'autre part.

Saint Joseph.

Et vous, Monsieur le Maître
De ce joli Figuier.
Pouvez-vous point nous mettre
Dans un coin du grenier.

L'Hôte.

Des quartiers de la ville,
C'est ici le plus plein,
Et c'est peine inutile,
Que d'y chercher en vain.

Saint Joseph.

Monsieur de la Montagne,
Ne recevez-vous point,
Des Gens de la Campagne,
Qui viennent de fort loin.

L'Hôte.

Loin ou près ne m'importe
Retirez-vous d'ici,
Je veux fermer ma porte,
Et dormir sans souci.

Saint Joseph.

Monsieur du Pain céleste,
Auriez-vous par hazard,
Quelques chambres de reste,
Ou quelque coin à part.

L'Hôte.

Voilà de nos bons hôtes,
Dont nous aurons grand gain,
Avec un pied de crotte,
Vous reviendrez demain.

Saint Joseph.

Monsieur du très-bon Guide,
De grace logez-nous,
Dans quelque chambre vuide,
Ou quelque coin chez vous.

L'Hôte.

Nous n'avons point de place.

Nous coucherons sans draps,
Ce soir sur la paillasse,
Sans aucun matelas.

Saint Joseph.

Monsieur, je vous en prie,
Pour l'amour de Dieu,
Dans votre Hôtellerie,
Que nous ayons un lieu.

L'Hôte.

Cherchez votre retraite
Autre part, Charpentier,
Ma maison n'est point faite
Pour des gens de métier.

Saint Joseph.

Monsieur du bout du monde,
Peut-on loger chez vous?
Avez-vous tant de monde,
Qu'il n'y ait lit pour nous.

L'Hôte.

Ni lit, ni couverture;
Vous courez grand hazard
De coucher sur la dure,
Je vous le dis sans fard.

Saint Joseph.

Et vous, ma chère Hôtesse,
Ayez pitié de nous;
Sensible à ma tristesse,
Recevez-nous chez vous.

L'Hôtesse.

Je plains votre disgrace,
Et je voudrois avoir
Quelque petite place
Pour vous recevoir.

Saint Joseph.

En attendant, Madame,
Qu'autre part j'aye vu,
Permettez que ma femme,
Chez vous, repose un peu.

L'Hôtesse.

Très-volontiers, ma Mie,
Mettez-vous sur ce banc;
Monsieur, voyez la Pie,
Ou bien le Cheval blanc.

L'Hôtesse à la sainte Vierge.

Excusez ma pensée,
Je ne la puis cacher,
Vous êtes avancée,
Et prête d'accoucher.

La sainte Vierge.

Je n'attends plus que l'heure,
Non, je n'ai plus de tems,
Et ainsi je demeure
A la merci des gens.

L'Hôte appelle sa femme.

Viendras tu babillarde,
Veux-tu passer la nuit,
Te faut-il être en garde,
Sur la porte à minuit.

L'Hôtesse à la sainte Vierge.

C'est mon mari qui crie,
Il faut me retirer;
Hélas! je suis marrie,
Qu'il faut nous séparer.

L'Intermédiaire.

Dans l'état déplorable
Où Joseph est réduit,

Il découvre une étable,
Malgré la sombre nuit.

C'est la seule retraite
Qui reste à son espoir ;
Ainsi plus d'un Prophète
Avoit su le prévoir.

Son ame est attendrie,
Quand il songe en quel lieu
L'innocente Marie
Doit enfanter son Dieu.

Quelle douleur amère
Pour un si tendre époux ;
Seigneur, votre chaste Mère
Mérite un sort plus doux.

L'heureux instant arrive,
Où naît le Dieu vivant ;
La nuit semble attentive,
Tout se tait, jusqu'au vent.

Mais l'air, que l'on respire,
S'échauffe à son aspect ;
Ce tendre enfant inspire
L'amour et le respect.

Jesus-Christ naît à peine,
Qu'on voit des animaux
N'employer leur haleine
Qu'à soulager ses maux.

Joseph couvre de langes
Le Corps de son Sauveur,
Tandis que les saints Anges
Célèbrent sa grandeur.

Que chacun de nous réponde,
Disent ces purs esprits,
Pour racheter le monde,

Dieu livre son cher Fils.
    Objet de sa tendresse,
Mortels, vivez en paix,
Du malheur qui vous presse,
Vous sortez pour jamais.

~~~~~~~~~~~~~~~~~~~~~~~~~~~~~~~~~~~~

Noël, Sur l'air :

Je ne voudrois qu'une Couronne.

SIlence Ciel, silence Terre,
  Demeurez dans l'étonnement ;
Un Dieu pour nous se fait Enfant ;
L'amour triomphe en ce Mystère,
Le captive aujourd'hui :
Tandis que toute la terre,
Que toute la terre est à lui.
Que toute la terre est à lui.

    Disparoissez ombres, figures,
Faites place à la vérité ;
De votre Dieu l'humanité
Vient accomplir les Ecritures :
Il naît pauvre aujourd'hui : Tandis que, etc.

    A minuit, une Vierge Mère
Produit cet Astre lumineux ;
A ce moment miraculeux
Nous appellons Dieu notre Frère,
L'étable est son réduit : Tandis que, etc.

    Il n'a pour Palais qu'une grange,
Couché dans de pauvres drapeaux,
Pour Courtisans deux animaux ;
Et c'est dans cet état étrange
Qu'il paroît cette nuit : Tandis que, etc.

En ce jour on voit l'invisible,
La grandeur dans l'abaissement;
L'Éternel, Enfant d'un moment:
Nous voyons souffrir l'impassible
Dans un petit réduit: Tandis que, etc.

Glaçons, frimats, saison cruelle,
Suspendez donc votre rigueur;
Vous faites souffrir votre Auteur,
Gémir la Sagesse éternelle,
Qui tremble en ce réduit: Tandis que, etc.

Venez, Pasteurs, en diligence
Adorer votre Dieu Sauveur;
Il est jaloux de votre cœur,
Il vous aime par préférence;
Il naît pauvre aujourd'hui: Tandis que, etc.

Noël, Noël, à cette Fête,
Noël, Noël, avec ardeur,
Noël, Noël, au Dieu Sauveur,
Faisons de nos cœurs sa conquête;
Chantons tous aujourd'hui
Noël par toute la terre:
Car toute la terre est à lui,
Car toute la terre est à lui.

~~~~~~~~~~~~~~~~~~~~~~~~~~~~~~~~~~

La Circoncision et le S. Nom de JESUS.

Sur l'air: *Seigneur, vous avez bien voulu*
me donner une femme.

JESUS, après huit jours précis,
Est porté dans le Temple;
Il y veut être circoncis,
Pour nous servir d'exemple;

Quelle profonde humilité,
Cette pure victime,
Etant la même Sainteté,
Subit la loi du crime.

Il prend le beau Nom de JESUS,
Comme Sauveur du monde;
Les enfers en sont confondus;
Le Ciel, la Terre et l'Onde,
Tout fléchit à ce Nom sacré:
On le craint, on l'implore,
On adore sa Majesté
Du couchant à l'aurore.

Après le quarantième jour,
Tout mâle se destine
Au Roi de la céleste Cour;
Telle est la Loi divine,
On doit offrir deux pigeonneaux,
Ou bien des tourterelles;
On a choisi ces animaux,
Comme purs et fidèles.

Jesus au Temple est présenté,
Siméon, le saint Prêtre,
Reconnoît sa Divinité,
Dès qu'il le voit paroître;
Par un avis du Saint-Esprit,
Ce trop heureux Prophète
Devoit un jour voir Jesus-Christ,
Son ame est satisfaite.

Que son bonheur est plein d'appas,
L'agréable surprise,
En le serrant entre ses bras,
Ce Vieillard prophétise:
Seigneur, dit-il, à nos souhaits,

Ton Cœur vient de se rendre ;
Je vais enfin mourir en paix,
Après un scin si tendre.
   Mes yeux ont vu dans ce grand jour
Ce beau soleil du monde,
Dont la clarté va tour-à-tour
Remplir la terre et l'onde :
Il vient sauver tout l'univers,
Pour sa plus grande gloire,
Nous allons tous sortir des fers,
Et chanter sa victoire.
   O Mère d'un si cher Enfant !
Je prévois tes alarmes,
Il faut le voir triomphant,
Qu'il t'en coûte de larmes,
Tous n'auront pas le même sort ;
L'enfer rempli d'envie,
Fera qu'on trouvera la mort
Dans la source de vie.

***

Sur l'adoration des Rois.

Sur l'air : *Valdec, ce grand Capitaine.*

UNE Etoile singulière,
   Brille dans le Firmament,
Trois-Rois pleins d'étonnement,
Veulent suivre sa carrière,
Ce bel Astre les conduit
Dans les ombres de la nuit.
   En Judée ils arrivèrent,
Brûlant d'une vive foi,
Hérode en étoit le Roi,

Tous trois ils le visitèrent ;
En parlant d'un Roi nouveau,
De frayeurs ils le glacèrent,
En parlant d'un Roi nouveau,
Qu'ils cherchoient dans le berceau.

Il assemble Scribes et Prêtres,
Pour apprendre quel séjour,
Le Christ qu'on attend un jour,
A daigné choisir pour naître ;
Bethléem est ce saint lieu,
A ce qu'ils font connoître,
Bethléem est-ce saint lieu,
Selon les décrets de Dieu.

Il répond à ces Rois Mages,
Affectant un air joyeux,
Que le Christ venu des Cieux,
N'est pas né sur ces rivages ;
Qu'il est né dans Bethléem,
Qu'ils y portent leurs hommages,
Qu'il est né dans Bethléem,
Et non dans Jérusalem.

Revenez, dit-il, encore
Pour nous faire tout savoir :
C'est mon Maître ; mon devoir
Veut aussi que je l'adore :
Vous venez en ce séjour,
Je vous dois suivre à mon tour.

Sans soupçon pour ce coupable,
Ils y marchent à grands pas,
L'astre ne les quitte pas ;
Mais enfin, chose admirable,
Ils s'arrêtent sur le lieu
Qui n'est pas digne de Dieu.

Par la foi qui les éclaire,
Ils y vont chercher l'Enfant,
Ils le trouvèrent en entrant
Entre les bras de sa mère ;
Par le plus profond honneur,
Ils s'empressent de lui plaire,
Par le plus profond honneur,
Ils adorent leur Seigneur.

Ils présentent pour hommages
L'or, la myrrhe avec l'encens,
Sur les Rois les plus puissans,
Ils lui donnent l'avantage ;
Qu'ils sont dignes par ce choix,
De donner par-tout les lois.

La nuit, le Ciel leur déclare
Que l'Enfant est menacé,
Ils ont tous le cœur glacé
De l'horreur qui se prépare ;
Mais par un chemin nouveau,
Pour tromper ce Roi barbare,
Mais par un chemin nouveau,
Ils quittèrent ce hameau.

A LA venue de Noël
Chacun se doit bien réjouir ;
Car c'est un Testament nouveau,
Que tout le monde doit tenir.
Quand par son orgueil Lucifer
Dedans l'abyme trébucha,
Nous allions tous en enfer,
Mais le Fils de Dieu nous racheta,
Et une Vierge s'obombra,

Et dans son corps voulut gésir,
La nuit de Noël enfanta,
Sans peine et sans douleur souffrir.

Incontinent que Dieu fut né,
L'Ange l'alla dire aux Pasteurs,
Lesquels se sont pris à chanter
Un chant qui venoit de leur cœur.

Après un bon petit tems,
Trois Rois le vinrent adorer,
Lui apportant myrrhe et encens,
Et or qui est fort à priser.

A Dieu le vinrent présenter;
Et quand se vint au retourner,
Hérode les fit pourchasser
Trois jours et trois nuits sans cesser.

Une étoile les conduisoit,
Qui venoit devers l'Orient,
Qui à l'un et à l'autre montroit
Le chemin droit à Bethléem.

Nous devons bien certainement
La voie et le chemin tenir,
Car elle nous montre vraiment
Où Notre-Dame doit gésir.

Là virent le doux Jésus-Christ,
Et la Vierge qui le porta;
Celui que tout le monde fit,
Et les pécheurs ressuscita.

Bien apparu qu'il nous aima,
Quand à la Croix pour nous fut mis;
Dieu le Père, qui tout créa,
Nous donne à la fin Paradis.

Prions-le tous qu'au dernier jour,
Quand tout le monde doit finir,

Nous ne puissions aucun de nous
Nulle peine d'enfer souffrir.

    Amen. Noël , Noël , Noël ,
Je ne saurois plus tenir,
Que je ne chante ce Noël ,
Quand je vois mon Sauveur venir.

Sur le chant : *Une jeune fillette dormoit.*

UNE jeune Pucelle de noble cœur ,
    Priant en sa chambrette son Créateur ;
L'Ange du Ciel descendit sur la terre ,
    Lui conta le Mystère
    De notre Salvateur.
    La Pucelle ébahie de cette voix ,
Elle se prit à dire pour cette fois ,
Comment pourra s'accomplir telle affaire ?
    Car jamais n'eus affaire
    A nul homme qui soit.
    Ne te soucie , Marie , aucunement ,
Celui qui Seigneurie au Firmament ,
Son Saint-Esprit te fera apparoître ,
    Dont tu pourras connoître ,
    Tout cet enfantement.
    Sans douleur, ni sans peine et sans toûrment,
Neuf mois sera enceinte de cet enfant ,
Et quand viendra à le poser sur terre ,
    Jesus faut qu'on l'appelle ,
    Roi sur-tout triomphant.
    Lors fut tant consolée de ces beaux dits ,
Qu'elle s'estimoit être en Paradis ,
Se soumettant du tout à lui complaire ,
    Disant , voilà l'Ancelle

Du Sauveur Jesus-Christ.

Mon ame magnifie Dieu mon Sauveur,
Mon esprit glorifie son Créateur,
Car il a eu égard à son Ancelle;
  Que terre universelle
  Lui rende gloire et honneur.

~~~~~~~~~~~~~~~~~~~~~~~~~~~~~~~

Noël, Sur l'air : *Où est-il, mon bel ami, allé,*
    reviendra-t-il encore ?

Où s'en vont ces gais Bergers,
    Ensemble côte à côte;
Nous allons voir Jesus-Christ
Né dans une grotte :
Où est-il le petit nouveau né,
Le verrons-nous encore ?
  Nous allons voir Jesus-Christ
Né dans une grotte;
Pour venir avec nous,
Margot se décrotte :
Où est-il le petit nouveau né,
Le verrons-nous encore ?
  Pour venir avec nous,
Margot se décrotte,
Aussi fait la belle Alix,
Qui a troussé sa cotte . Où est-il, etc.
  Aussi fait la belle Alix,
Qui a troussé sa cotte,
De peur du mauvais chemin,
Craignant qu'on ne la crotte : Où est-il, etc.
  De peur du mauvais chemin,
Craignant qu'on ne la crotte,
Jeanneton n'y veut venir,

Faisant ainsi la sotte : Où est-il, etc.
   Jeanneton n'y veut venir,
Faisant ainsi la sotte,
Disant qu'elle a mal au pied,
Elle veut qu'on la porte : Où est-il, etc.
   Disant qu'elle a mal au pied,
Elle veut qu'on la porte ;
Robin, en ayant pitié,
A apprêté sa hotte : Où est-il, etc.
   Robin, en ayant pitié,
A apprêté sa hotte ;
Jeanneton n'y veut entrer,
Voyant bien qu'on se moque : Où est-il, etc.
   Aime mieux aller à pied,
Que de courir la poste,
Tant ont fait les bons Bergers,
Qu'ils ont vu cette grotte : Où est-il, etc.
   Tant ont fait les bons Bergers,
Qu'ils ont vu cette grotte,
En une Etable où il n'y avoit
Ni fenêtre ni porte : Où est-il, etc.
   En une Etable où il n'y avoit
Ni fenêtre ni porte ;
Ils sont tous entrés dedans,
D'une ame très-dévote : Où est-il, etc.
   Ils sont tous entrés dedans,
D'une ame très-dévote ;
Là ils ont vu le Sauveur
Dessus la chenevotte : Où est-il, etc.
   Là ils ont vu le Sauveur
Dessus la chenevotte,
Marie est auprès pleurant,
Joseph la reconforte : Où est-il, etc.

Marie est auprès pleurant,
Joseph la reconforte,
L'âne et le bœuf respirans,
Chacun d'eux le réchauffe : Où est-il, etc.

L'âne et le bœuf respirans,
Chacun d'eux le réchauffe,
Contre le vent fort cuisant,
Lequel souffle de côté : Où est-il, etc.

Contre le vent fort cuisant,
Lequel souffle de côté,
Les Pasteurs s'agenouillans,
Un chacun d'eux l'adore : Où est-il, etc.

Les Pasteurs s'agenouillans,
Un chacun d'eux l'adore,
Puis s'en vont rians, dansans,
La courante et la volte : Où est-il, etc.

Puis s'en vont rians, dansans,
La courante et la volte ;
Prions le doux Jesus-Christ,
Qu'enfin il nous conforte : Où est-il, etc.

Prions le doux Jesus-Christ,
Qu'enfin il nous conforte,
Et notre ame au dernier jour,
Dans les Cieux il transporte : Où est-il, etc.

Noël, Sur le chant : *De la fausse trahison.*

NOEL, pour l'amour de Marie,
Nous chanterons joyeusement ;
Quand elle porta le fruit de vie,
Ce fut pour notre sauvement.
Joseph et Marie s'en allèrent
Un soir bien tard en Bethléem ;

Ceux

Ceux qui tenoient hôtellerie,
Ne les prisoient pas grandement.

Ils s'en allèrent parmi la ville,
D'huis en huis logis quérans,
A l'heure la Vierge Marie
Etoit prête d'avoir enfant.

S'en allèrent chez un riche homme,
Logis demander humblement,
Et on leur répondit en somme,
Avez-vous chevaux largement.

Nous avons un bœuf et un âne,
Voyez-les ci-présentement;
Vous ne semblez que truandaille,
Vous ne logerez point céant.

Ils s'en allèrent chez un autre homme,
Logis demander pour argent,
Et on leur répondit en outre,
Vous ne logerez point céant.

Joseph si regarda un homme,
Qui l'appella méchant Paysan,
Où veux-tu mener cette femme,
Qui n'a pas plus haut de quinze ans?

Joseph va regarder Marie,
Qui avoit le cœur très-dolent,
En lui disant, ma douce amie,
Ne logerons-nous autrement.

J'ai vu là une vieille Etable,
Logeons-nous-y pour le présent;
Alors la Vierge aimable
Etoit prête d'avoir enfant.

A minuit, en cette nuitée,
La douce Vierge eut enfant,
Sa robe n'étoit point fourrée,

B

Pour l'envelopper chaudement.

Elle le mit dans une Crêche,
Sur un peu de foin seulement.
Une pierre dessous sa tête,
Pour reposer le Roi puissant.

Très-chers gens, ne vous déplaise,
Si vous vivez si pauvrement,
Si fortune vous est contraire,
Prenez le tout patiemment.

En souvenance de la Vierge,
Qui prit son logement pauvrement.
En cette Etable découverte,
Qui n'étoit point fermée devant.

Or prions la Vierge Marie,
Que son Fils veuille supplier,
Qu'il nous doit mener telle vie,
Qu'en Paradis puissions entrer.

Si une fois y pouvions être,
Jamais ne nous faudra plus rien:
Ainsi fut logé notre Maître,
Le doux Jesus en Bethléem.

~~~~~~~~~~~~~~~~~~~~~~~~~~~~~~~~

Laissez paître vos bêtes,
Pastoureaux par monts et par vaux,
Laissez paître vos bêtes,
Et venez chanter Nau.

J'ai ouï chanter le rossignol,
Qui chantoit un chant si nouveau,
Si haut, si beau, si raisonneau,
Il me rompoit la tête,
Tant il prêchoit et caquetoit,
A donc pris ma houlette,

Pour aller voir Nolet.

Je m'enquis au Berger Nolet ;
As-tu ouï le rossignolet,
Tant joliet, qui gringotoit
Là haut sur une épine :
Oui, dit-il, je l'ai ouï,
J'en ai pris ma buissine,
Et je m'en suis réjoui.

Nous dîmes tous une chanson,
Les autres y sont venus au son,
Or sus, dansons, prends Alison,
Je prendrai Guillemette,
Margot, tu prendras gros Guillot,
Qui prendra Peronelle ?
Ce sera Tabelot.

Ne dansons plus, nous tardons trop,
Allons-y tôt, courons le trot ;
Viens-tu, Margot ? oui, Guillot ;
J'ai rompu ma couriette,
Il faut racoutrer mon sabot, j
Or tiens cette éguillette,
Elle te servira trop.

Et toi, Michaud, n'y viens-tu pas ;
Oui, dit-il, tout l'entrepas,
Tu n'entends pas du tout mon cas ;
J'ai aux talons les mules,
Par quoi je ne peux pas trotter,
Pris les ai par froidure,
En allant ettraquer.

Marche devant paûvre Mulart,
Et t'appuie sur ton houlart ;
Et toi, Cocart, vieil Loriquart,
Tu dusses avoir grande honte,

B*

De rechigner ainsi les dents,
Tu en dusses tenir compte,
Au moins devant les gens.

   Nous courûmes de telle roideur,
Pour voir notre doux Rédempteur,
Le Créateur et Formateur,
Il avoit, Dieu le sache,
De drapeaux assez grand besoin,
Il gissoit dans la Crêche,
Sur un petit de foin.

   Sa mère avec lui étoit,
Un Vieillard si leur éclairoit,
Point à l'Enfant ne ressembloit,
Il n'étoit pas son Père,
Car il étoit luisant comme or,
Ressembloit à sa Mère,
Etant plus beau encore.

   Nous avions un bien gros paquet,
De vivres pour faire un banquet,
Mais le muguet de Jean Auguet,
Avoit une lévrière,
Qui mit le pot à découvert,
Ce fut par la Bergère,
Qui laissa l'huis ouvert.

   Pas ne laissâmes de gaudir,
Je lui donnai une brebis,
Au petit-fils une Mauvie,
Lui donna Peronelle,
Margot si lui donna du lait;
Toute pleine une écuelle,
Couverte d'un tranchoir.

   Or prions tous le Roi des Rois,
Qu'il nous donne à tous bon Noël,

Et bonne paix de nos méfaits,
Ne veuille avoir mémoire
De nos péchés, mais pardonner
A ceux du Purgatoire,
Leurs péchés effacer.

~~~~~~

JOSEPH est bien marié,   *bis.*
 A la Fille de Jessé,   *bis.*
C'étoit chose bien nouvelle,
D'être Mère et Pucelle,
Dieu y avoit opéré,
Joseph est bien marié.

 Et quand ce vint au premier, *bis.*
Que Dieu voulut nous sauver,   *bis.*
Il fit en terre descendre
Son seul Fils Jesus pour prendre
En Marie humanité,
Joseph est bien marié.

 Quand Joseph eut aperçu,   *bis.*
Que sa Femme avoit conçu,   *bis.*
Il ne s'en contenta mie,
Fâché fut contre Marie,
Et s'en voulut en aller,
Joseph est bien marié.

 Mais l'Ange lui ayant dit,   *bis.*
Joseph, n'en ayez dépit,   *bis.*
Ta sainte Femme Marie
Est grosse du fruit de vie,
Elle a conçu sans péché,
Joseph est bien marié.

 Pense donc bien autrement,   *bis.*
Et approche hardiment,   *bis.*

Car par toute puissance,
Tu es durant son Enfance
A le servir dédié,
Joseph est bien marié.

Noël en droit minuit,   *bis.*
Elle enfanta Jesus-Christ,   *bis.*
Sans peine et sans tourment,
Joseph se soucie grandement
Du cas qui est arrivé,
Joseph est bien marié.

Les Anges y sont venus,   *bis.*
Voir le Rédempteur Jesus,   *bis.*
De très-belle compagnie,
Puis à haute voix jolie,
Gloria ils ont chanté,
Joseph est bien marié.

Les Pasteurs ont entendu,   *bis.*
Que le Sauveur est venu,   *bis.*
Ont laissé leurs brebiettes,
En chantant de leurs musettes,
Disant que tout est sauvé,
Joseph est bien marié.

Les trois Rois pareillement,   *bis.*
Ont porté leurs présens,   *bis.*
Or, Encens, aussi Myrrhe,
Ont donné au Fils de Marie,
De lui seroit grande clarté,
Joseph est bien marié.

Or prions dévotement,   *bis.*
De bon cœur très-humblement,   *bis.*
Que paix, joie et bonne vie,
Impêtre Dame Marie,

A notre nécessité,
Joseph est bien marié.

~~~~~~~~~~~~~~~~~~~~~~~~~~~~~~~~~~~~~

Noël, sur l'air : ***Des Bergers.***

BERGERS, voici la grotte bienheureuse,
Où cette nuit est né le Fils de Dieu.
Tout tremble ici d'une crainte amoureuse,
Pour le respect qu'on doit en ce saint lieu.
Avec les Anges qui lui font la cour,
Chantons des louanges, chantons des louanges
    A ce Dieu d'amour.

Jouez, Bergers, mêlez vos voix, Bergères,
Aux doux accens de nos doux chalumeaux :
Quittez vos prés, vos bois et vos chaumières,
Pour adorer ce petit Roi nouveau.
Avec les Anges, etc.

C'est un Enfant d'une beauté si rare,
Qu'il charme tout par ses divins attraits :
Mais qui sauroit les biens qu'il nous prépare,
Seroit ravi au moindre de ses traits.
Avec les Anges, etc.

O qui pourroit aller à cette Etable !
O que le bœuf et l'âne sont heureux !
Le même Enfant est à la sainte Table :
Mais par malheur les hommes sont pis qu'eux.
Avec les Anges, etc.

Divin Jesus, heureux qui vous possède !
C'est l'avant-goût des plaisirs éternels,
A tous nos maux le suprême remède,
C'est un trésor qui est sur nos Autels.
Avec les Anges, etc.

Heureux, dit-on, celui qui l'a pu voir

A Bethléem, ce bienheureux Enfant!
Mais plus heureux qui a don de le croire,
Car le même est à l'Eglise vivant.
Avec les Anges, etc.

Charmant séjour, heureuse solitude,
Tu m'es cent fois plus douce que le miel :
Jesus y est, et sans inquiétude
On y goûte les délices du Ciel.
Avec les Anges, etc.

Faites, Seigneur, que par votre présence,
Se forme en moi un nouveau Jesus-Christ :
Renouvellez en moi votre naissance ;
Changez mon corps, mon cœur et mon esprit.
Avec les Anges, etc.

~~~~~~

NUIT sombre, ton ombre
Vaut les plus beaux jours;	*bis.*
Des Anges sans nombre
Honorent son cours ;
Marie est féconde,
Un Dieu est Enfant.
Non, rien n'est si grand
Sur la terre et l'onde ;
Non, rien n'est si grand
Que Jesus naissant.

Les Anges et Archanges,
La Terre et les Cieux	*bis.*
Font un doux mélange
Qui surprend mes yeux :
Mais plus je le sonde,
Plus il me surprend.
Non, rien n'est si grand, etc.

Il pleure dès l'heure
Qu'il a vû le jour :   *bis.*
Mais dans la demeure
De son saint jour,
Son tonnerre gronde
Contre les méchans.
Non, rien n'est si grand, etc.
   L'impie furie
D'un Vieillard jaloux,   *bis.*
Attente à la vie
Du céleste Epoux :
Mais du bout du monde
Les Anges venans.
Non, rien n'est si grand, etc.
   Bergères légères,
Au milieu des bois   *bis.*
Chantons ce Mystère
Au son des hautbois :
Qu'on vienne à la ronde
Sans cesse à nos chants.
Non, rien n'est si grand, etc.

Noël, sur l'air : *Les Bourgeois de Chartres.*

ALlons tous à la Crêche
  Entendre un beau Sermon,
C'est le Sauveur qui prêche
Pour notre guérison :
Nous avons tous besoin
D'un Médecin si sage ;
Mais le remède n'est pas loin,
Pourvu que nous prenions le soin
D'en faire un bon usage.

Aux Princes.

Puissances de la terre,
Tombez à ses genoux ;
Il lance le tonnerre,
Il peut vous perdre tous :
De votre autorité
L'éclat va disparoître ;
Vous apprendrez l'humanité,
Vous laisserez votre fierté
Aux pieds de votre Maître.

Aux Prélats.

Puissances de l'Eglise,
Venez à votre tour,
D'une ame très-soumise
Faites-lui votre cour ;
Auprès de son berceau
Vous devez vous instruire ;
Pour bien veiller sur un troupeau,
Il faut de ce Pasteur nouveau
Apprendre à le conduire.

Aux Gens de qualité.

Vous, de qui la naissance
Fait le mérite entier,
Voyant son indigence,
N'ayez plus l'air altier ;
Cherchez en ce recoin
Un Dieu dans la bassesse ;
Quoique le Ciel en soit témoin,
Il cache sous un peu de foin
Ses titres de noblesse.

Aux Gens de justice.

Pour vous, Gens de justice,
Apprenez de sa voix
Qu'il faut que tout fléchisse
Sous ses suprêmes lois;
Ne soyez pas si vains,
C'est le dernier refuge :
Le sort du monde est dans ses mains,
Et peut-être au plus tard demain
Il sera votre Juge.

Aux Riches.

Vous, qui dans l'opulence
Passez des jours si beaux,
Qui tenez l'indigence
Pour le plus grand des maux,
Vous faites trop de cas
D'un vain éclat qui passe;
Ce pauvre Enfant vous dit tout bas
Que l'ame ne s'enrichit pas,
A moins d'avoir sa grace.

Aux Marchands.

Et toi, Marchand avide,
Tant en gros qu'en détail,
Pour un profit sordide,
Toujours dans le travail,
Tu pourrois faire mieux :
Approche et considère
Que l'Enfant qui naît en ces lieux
Est un Marchand qui vend les Cieux,
O quel marché à faire !

Aux Femmes mondaines.

Pour vous, beautés coquettes,
De tout âge et tout rang,
Laissez sur vos toilettes
Et ce rouge et ce blanc;
De votre Créateur
Vous ternissez l'image,
Par le secours d'un art trompeur;
Pourquoi de ce divin Auteur,
Réformez-vous l'ouvrage?

A tous.

Pour tous tant que nous sommes,
Jesus prêche aujourd'hui:
Il vient chercher les hommes,
Et peu viennent à lui;
Nous marchons ici-bas
Dans une nuit profonde,
Il vient pour y dresser nos pas,
Ah! mais on ne le connoît pas,
C'est le malheur du monde.

~~~~~~~~~~~~~~~~~~~~~~~~~~~~~~~~~~

Noël, sur l'air: *N'oubliez pas votre houlette,
Lisette, quand vous viendrez aux bois.*

Un bruit court dans le voisinage,
        Au village,
Que le Sauveur est né;
Bergers il nous y faut aller,
Ah! quel plus grand avantage!
        Un bruit court, etc.

Accourons voir cet adorable
Dans l'Etable
Entre deux animaux,
Etendu sur du foin nouveau;
Cela n'est-il pas pitoyable?
 Accourons voir, etc.
Il faut porter dans nos malettes,
Lisette,
De quoi lui présenter;
Il est du devoir des Bergers,
De lui faire un présent honnête:
 Il faut porter, etc.
De nos moutons la troupe est grande,
Il faut prendre
Le plus beau des agneaux,
Pour porter à ce Dieu nouveau,
Un jour il pourra nous le rendre:
 De nos moutons, etc.
Les Anges lui chantant des louanges
D'un mélange
Qu'il n'y a rien de plus beau,
Gloria in excelsis Deo,
D'une voix qui n'est pas étrange:
 Les Anges, etc.

Deux Bergères, l'une humble et l'autre mondaine. Sur l'air : *Je me suis levé par un matin, etc.*

L'humble.

Quoi, ma voisine, es-tu fâchée?
Dis-moi pourquoi:
Veux-tu venir voir l'accouchée

Avec moi ;
C'est une Dame fort discrète,
Ce m'a-t-on dit,
Qui nous a produit le Prophète
Souvent prédit.

La Mondaine.

Je le veux, allons ma Commère,
C'est mon désir,
Nous verrons l'Enfant et la Mère
Tout à loisir ;
Aurons-nous pas de la dragée
Et du gâteau ?
La salle est-elle bien rangée ?
Y fait-il beau ?

L'Humble.

Ah ! ma Bergère, tu te trompes
Fort lourdement ;
Elle ne demande pas de pompes
Ni d'ornemens ;
Dedans une chétive Étable,
Se veut ranger,
Où n'y avoit buffet ni table
Pour y manger.

La Mondaine.

Au moins est-elle bien coiffée
De fins réseaux ?
Et sa couche est-elle étoffée
De fins rideaux ?
Son ciel n'est-il pas de brodure
Tout campanée ?

N'a-t-il pas aussi pour brodure
L'or bazané?

L'Humble.

Elle a pour sa belle couche,
Dedans ce lieu,
Le tronçon d'une vieille souche
Tout au milieu,
Le mur lui sert d'une custode,
Et pour son ciel,
Il est fait à la pauvre mode,
De chaume vieille.

La Mondaine.

Encore faut-il que l'accouchée
Ait un berceau
Pour bercer quand est couché
L'Enfant nouveau;
N'a-t-elle pas garde et servante
Pour la servir?
N'est-elle pas assez puissante
D'y survenir?

L'Humble.

L'Enfant a pour berceau la Crêche
Pour sommeiller,
Couché sur de la paille fraîche
Pour reposer,
Et a pour toute compagnie
Son cher Baron,
Elle a un bœuf pour sa mégnie,
Et un ânon.

La Mondaine.

Tu me dégoûtes, ma voisine,

D'aller plus loin,
Pour une femme gésine,
Dessus du foin;
Pour moi, qui ne suis que Bergère,
Suis beaucoup mieux,
Que non pas cette ménagère
Sous ce toît vieux.

L'Humble.

Ne parles pas ainsi, Commère,
Mais par honneur,
Crois-moi, que c'est la chaste Mère
Du vrai Sauveur,
Qui veut ainsi vivre pauvrement,
Nous sauvant tous,
Montrant combien qu'il soit le Maître,
Est humble et doux.

La Mondaine.

Exemptez-nous, très-chère Dame,
De tout orgueil,
Quand du corps partira notre ame,
Faites-lui accueil,
La présentant, grande Princesse,
A ton cher Fils,
Pour participer la liesse de Paradis,
Noël, Noël, Noël.

Débat des Fleurs qui veulent couronner JESUS-CHRIST.

La Rose.

Notre bon Maître
Vient de paroître,

Notre bon Maître vient en ces lieux,
Je veux lui donner une couronne,
Puisqu'il est le Roi des Cieux :
La qualité de Reine qu'on me donne
Veut que je sois la couronne d'un Dieu.

La Tulipe.

Comment tu oses,
Petite Rose,
Comment tu oses m'ôter l'honneur :
Cette autorité souveraine
Que tu prends sur chaque fleur,
N'empêche pas que je n'en sois la Reine,
Ainsi je dois couronner mon Sauveur.

L'Œillet.

Tu nous méprises,
Quelle sottise !
Tu nous méprises par ta hauteur :
On sait que ma couleur aimable,
Jointe avec ma douce odeur,
Sur toutes les Fleurs me rendent agréable,
Ainsi je dois couronner le Sauveur.

La Couronne impériale.

Ta bigarrure
Fais ta parure,
Ta bigarrure fait ton honneur ;
Mais toute puissance royale
Doit céder à ma splendeur,
Puisque je suis Couronne impériale,
C'est moi qui dois couronner le Sauveur.

La Violette.

Je le mérite,

Quoique petite,
Je le mérite ce grand honneur;
On voit dans ma petite figure
Comme ce divin Sauveur
S'est fait Enfant, a souffert la froidure,
Pour des mortels être le Rédempteur.

La Tubéreuse.

Que l'on me mette
Dessus sa tête,
Que l'on me mette pour ma beauté,
Que d'un côté ma couleur blanche,
Vous fait voir sa pureté,
Et mon odeur montre comme il épanche
De ses vertus la divine clarté.

Le Jasmin.

Quoique je puisse
Avec justice,
Quoique je puisse le disputer;
Pour éviter toute querelle,
Il nous faudra toutes mêler,
La couronne en sera beaucoup plus belle,
Unissons-nous, c'est assez disputer.

Dialogue de la Nuit et du Jour.

Sur l'air: *Sommes-nous pas trop heureux.*

La Nuit.

O Jour! ton divin flambeau
Vient de commencer sa carrière;
Mais apprends que sa lumière
N'a maintenant rien de beau,

Sache que mes voiles sombres,
Qui semblent traîner l'effroi,
Ont reçu malgré les ombres
Un plus grand bonheur que toi.

Le Jour.

Quel est donc ce grand bonheur
Qui te donne tant d'audace,
Et qui te fait cette grace
Où tu fondes ton bonheur ?
As-tu quelque spectacle
Qui se dérobe à mes yeux ?
T'a-t-on fait servir d'obstacle
À mes désirs curieux ?

La Nuit.

Celui qui forma de rien
Toute la machine ronde,
Et qui créa ce grand monde,
Dont lui seul est le soutien,
Est par un secret Mystère
Envoyé en ce bas lieu ;
Une Vierge en est la Mère,
Comme il est le Fils de Dieu.

Le Jour.

O Nuit ! explique-toi mieux
Sur cette étrange aventure ;
Quoi ! l'Auteur de la Nature
Seroit-il sorti des Cieux !
Comment me feras-tu croire
Un si grand événement ?
As-tu vu ce Roi de gloire,
Pour en parler savamment ?

La Nuit.

Depuis que j'ai commencé
D'étendre mes sombres voiles,
Et fait briller mes Etoiles;
Ce prodige s'est passé;
Une Vierge a mis au monde
Ce Monarque glorieux,
Que le Ciel, la Terre et l'Onde
Exaltent en tous les lieux.

Le Jour.

Mais qui te peut assurer
Que ce soit ce grand Monarque,
En as-tu vu quelque marque
Que tu puisses figurer?
Dis sous quel astre propice
Est né ce nouveau Soleil,
Et donne moi quelque indice
De ce bonheur sans pareil.

La Nuit.

J'ai vu dans un antre obscur
Cette Vierge chaste et belle
Allaiter de sa mamelle
Ce fruit si saint et si pur;
Les Pastoureaux et les Anges
Vont d'un cœur dévotieux
Entonner mille louanges
A cet Enfant précieux.

Le Jour.

O Nuit! c'est avec raison
Que tu te crois bienheureuse,
A ma clarté lumineuse,

Tu feras comparaison,
Puisque le souverain Maître
Dont j'emprunte ma clarté,
Dans ton sein a voulu naître;
Vante ta félicité.

Noël, sur l'air : *Des Feuillantines.*

DANS les ombres de la nuit
    Et sans bruit,
Jesus tout brillant nous luit,
Naissant par la seule envie
De nous redonner la vie.
    Il descend du Firmament
    Gaiement,
Pour vivre ici pauvrement,
C'est pour délivrer de peine
Toute la nature humaine.
    Les Anges venus des Cieux
    En ces lieux,
Pour cet Enfant précieux,
Ont annoncé la merveille
Qui n'aura point sa pareille.
    A Bethléem portons tous
    Des bijoux,
Et les offrons à genoux
Au cher Fils de la Pucelle,
Qui de Dieu se dit l'Ancelle.
    Les petits oiseaux des champs
    Par leurs chants,
Font la leçon aux méchans,
Car ils lui rendent hommage
Avec leurs charmans ramages.

Prions cet Enfant nouveau
Au berceau,
Qu'en quittant notre tombeau
Nous allions avec les Anges
Chanter au Ciel ses louanges.

Sur l'air : *Belle Fanchon, en attendant*, etc.

CHASTE Joseph, vous avez de l'ombrage,
Vous soupçonnez votre Epouse en secret,
Ne pensez rien à son désavantage,
Croyez toujours qu'elle est Vierge en effet.
De votre cœur bannissez toute crainte ;
Défaites-vous de ce cruel ennui ;
Du Roi des Cieux votre Epouse est enceinte,
Mais ce secret n'est réservé qu'à lui.
Dieu qui vous voit dans cette erreur étrange,
Qui sait comment vous vous êtes mépris,
Pour vous guérir il vous envoye un Ange,
Qui remettra le calme à votre esprit.
Vous apprendrez de sa bouche divine,
Que le Très-Haut a des secrets desseins,
Que votre Epouse est celle qu'il destine
Pour mettre au jour le salut des humains.

Noël, sur l'air: *Laissez paître vos bêtes.*

UN Dieu brise nos chaînes ;
Que ferons-nous à notre tour ?
Portons-lui pour étrennes
Nos cœurs brûlans d'amour.
Qu'il est charmant,
Ce tendre Amant !

Faisons-lui voir en ce moment
Un amoureux empressement.
Un Dieu brise nos chaînes,
Que ferons-nous à notre tour?
Portons-lui pour étrennes
Des cœurs brûlans d'amour.
    Peuples et Rois,
    Hôtes des bois,
Unissez-vous tous à la fois,
A nos concerts joignez vos voix.
Un Dieu brise nos chaînes,
Que ferons-nous à notre tour?
Portons-lui pour étrennes
Nos cœurs brûlans d'amour.
    Sacrés Prélats,
    Hâtez vos pas;
Accourez, tous, ne tardez pas,
A voir un Dieu si plein d'appas.
Il a brisé nos chaînes,
Que ferons-nous à notre tour?
Portons-lui pour étrennes
Des cœurs brûlans d'amour.
    Maîtres divers
    De l'Univers,
Passez les monts, passez les mers,
Pour voir le vainqueur des enfers.
Un Dieu brise nos chaînes,
Que ferons-nous à notre tour?
Portons-lui pour étrennes
Des cœurs brûlans d'amour.
    Appuis des lois,
    Dignes du choix,
Que font de vous les plus grands Rois?

Quittez vos villes pour nos bois.
Un Dieu brise nos chaînes,
Que ferons-nous en ce grand jour ?
Portons-lui pour étrennes
Des cœurs brûlans d'amour.

Bourgeois, marchands,
Vous, artisans,
Venez, tant riches qu'indigens,
Pour seconder nos tendres chants.
Un Dieu brise nos chaînes,
Que ferons-nous à notre tour ?
Portons-lui pour étrennes
Des cœurs brûlans d'amour.

Noël, sur un air de musette.

CHANTONS Noël à l'Eternel,
Le Fils de Dieu
Vient de naître en ce lieu,
Que sans cesse
L'alégresse,
Eclate en nos chants,
Ses bienfaits sont charmans ;
Que sans paresse
L'on s'empresse,
Au divin Enfant,
D'offrir un cœur constant :
Que sa flamme,
Dans notre ame,
Règne incessamment ;
Aimons-le tendrement.
Sa tendresse
S'intéresse

A

A rendre les mortels heureux ;
Qu'il soit seul l'objet de nos vœux,
Pour lui brûlons d'un tendre amour,
Bénissons-le dans ce saint jour,
Il fait tarir nos pleurs
Et finir nos malheurs.

Noël, sur l'air : *Une jeune Pucelle.*

L'Ange.

ENTENDS ma voix fidelle,
  Pasteur, suis-moi,
Viens témoigner ton zèle
  Au divin Roi.
Ce Dieu si grand, est né dans une Etable,
Ce Dieu si redoutable,
Est homme comme toi.

Le Pasteur.

Quel crieur de gazettes
  Ai-je entendu !
Porte ailleurs tes sornettes,
  C'est tems perdu ;
Qu'un Dieu soit né, l'aventure est jolie,
La plaisante saillie,
D'un esprit morfondu.

L'Ange.

Ce qu'un Dieu fait entendre,
  Du haut des Cieux,
On ne peut le comprendre
  Dans ces bas lieux.
Qu'un Dieu soit né, l'aventure est étrange ;
Mais tu la tiens d'un Ange,

C

Pasteur, ouvre les yeux.

Le Pasteur.

Bon Dieu! quelle lumière,
Dans ce hameau,
Vient frapper ma paupière!
Est-ce un flambeau?
J'en suis surpris, il n'est pas ordinaire
Que la nuit soit si claire,
Le jour n'est pas si beau.

L'Ange.

C'est le tems des miracles,
Que celui-ci:
L'énigme des oracles
Est éclairci:
Tout est changé, le corps succède à l'ombre,
Le jour à la nuit sombre,
Le Ciel l'ordonne ainsi.

Le Pasteur.

Expliquez-moi, de grace,
Ce changement;
Que faut-il que je fasse
En ce moment?
Ange du Ciel, ah! je vous en conjure,
Chassez la nuit obscure
De mon entendement.

L'Ange.

Je veux bien te conduire,
Puisqu'il le faut,
L'éclat que tu vois luire,
Vient du Très-Haut;
Dieu te fait voir, par ce grand jour qui brille,
Qu'il est né d'une Fille,
Sans tache et sans défaut,

Le Pasteur.

Je crois qu'à sa puissance
Tout est permis ;
J'adore sa Naissance
D'un cœur soumis ;
Mais l'homme ingrat trahit ce divin Maître,
Pourquoi vient-il de naître
Parmi tant d'ennemis ?

L'Ange.

C'est par l'amour extrême
Qu'il a pour vous,
Qu'il vous sauve lui-même
De son courroux.
Par un arrêt, dont il est la victime,
Il s'est chargé du crime,
Et l'homme en est absous.

Le Pasteur.

O Père le plus tendre !
Qui fut jamais,
Comment peut-on lui rendre
Tant de bienfaits ?
De ses trésors il enrichit la terre,
Nous lui faisons la guerre,
Il nous donne la paix.

L'Ange.

Suis-moi jusqu'au village,
Ne tarde pas,
Tu dois lui rendre hommage,
Viens sur mes pas ;
Je vois l'ardeur de l'amour qui le presse,
A force de tendresse,
Fera-t-il des ingrats ?

C*

Le Pasteur.

La même ardeur m'enflamme
Dans ce moment ;
Secondez de mon ame
L'empressement,
Hâtons nos pas, je ne puis plus attendre;
Peut-on trop tôt se rendre
Près d'un Dieu si charmant.

~~~~~~~~~~~~~~~~~~~~~~~~~~~~~~~~~~~~

Une jeune Pucelle, Reine d'amour,
　　Et plus pure et plus belle que n'est le jour,
Priant la nuit dedans son Oratoire,
L'Ange du Roi de gloire lui vient faire la cour.
　　Jamais on ne vit Ange si fort surpris,
Tant il trouvoit étrange d'avoir appris
Qu'on peut aimer ici-bas des merveilles
Qui n'ont point de pareilles au règne des esprits.
　　Reprenant l'assurance de son maintien,
Il fait la révérence, et sachant bien
Que son parler alloit donner sur terre
Un merveilleux mystère, ce discours il lui tint.
　　Fille la plus heureuse qui fut jamais,
Vous êtes l'amoureuse du Dieu de paix ;
Je viens à vous, vous dire de sa bouche,
Que rien tant ne le touche que vos divins attraits.
　　Vous êtes, Princesse, d'un trait vainqueur,
Bien rendu la maîtresse, blessant son cœur;
Déjà le Ciel va disant que Marie
Est l'Amante chérie du Fils de leur Seigneur.
　　Madame, il faut vous rendre à sa bonté,
Je viens pour vous apprendre sa volonté,
Dites le moi, je m'en vais vous promettre,
De la part de mon Maître, toute fidélité.

Marie, hélas! votre ame et tout mon sens
Vont se réduire en flamme à vos accens:
Le Fils de Dieu viendra tout à cette heure,
Etablir sa demeure au milieu de vos flancs.

Ces superbes miracles qu'au tems jadis
Tant de divins Oracles nous ont prédit,
Se font dans vous, le Fils de Dieu y entre;
Et fait de votre ventre son petit Paradis.

Voilà le Ciel qui s'ouvre, ne sachant pas
Que Dieu quitte son Louvre et ses appas;
Anges, volez, venez, troupes compagnes,
Habiter ces campagnes, la Cour est ici-bas.

Noël, sur l'air:

Des regrets de la Princesse de Condé.

Par le péché de désobéissance,
    Adam nous mit en extrême souffrance,
Prêtant l'oreille au serpent séducteur,
O pauvre Adam! reconnois ton Sauveur.

Adam, tu fus mal discret et peu sage,
Mal avisé et léger de courage,
Lorsque tu fus rebelle au Créateur,
O pauvre Adam! reconnois ton Sauveur.

Pour avoir pris la pomme trop amère,
Toi et les tiens a mis en grande misère,
Le péché fuit, la mort et ton malheur,
O pauvre Adam! reconnois ton Sauveur.

Pour réparer ton offense mortelle,
Dieu par pitié élut une Pucelle,
Qui de Marie a le nom plein d'honneur,
O pauvre Adam! reconnois ton Sauveur.

Tu concevras le Rédempteur du monde,
Roi triomphant de la machine ronde,
Et ne perdras de chasteté la fleur,
O pauvre Adam! reconnois ton Sauveur.

Ce grand mystère, douce Vierge Marie,
Vient du haut Dieu, n'en soyez point surprise,
Le Saint-Esprit en est le Conducteur,
O pauvre Adam! reconnois ton Sauveur.

Sitôt répond la Vierge humiliante,
De Dieu je suis l'Ancelle et la Servante,
A lui du tout me rend d'un humble cœur,
O pauvre Adam! reconnois ton Sauveur.

Neuf mois après cette sainte nouvelle,
Elle enfanta, étant Vierge et Pucelle,
Le Fils de Dieu, du monde Rédempteur,
O pauvre Adam! reconnois ton Sauveur.

Il est venu pour payer cette dette,
Que jadis, ô Adam! avoit faite,
Et le tirer des prisons de rigueur,
O pauvre Adam! reconnois ton Sauveur.

Or donc vers lui (car il est véritable,)
Retire-toi, ô pauvre misérable!
En admirant sa bonté et douceur,
O pauvre Adam! reconnois ton Sauveur.

~~~~~~~~~~~~~~~~~~~~~~~~~~~~~~~~~~~

Sur l'air: *Réveillez-vous, belle endormie.*

Le Rabbin.

JE suis le maître de la grange,
Et c'est à moi qu'elle appartient,
Ainsi je trouve fort étrange,
Que sans m'en rien dire, on y vient.

Saint Joseph.

Vous paroissez trop raisonnable,
Monsieur, pour ne vous appaiser,
Sachant que jusqu'à votre Etable
Le Messie veut bien s'abaisser.

Le Rabbin.

Pardon, Monsieur, je vous en prie,
Excusez mon emportement ;
Mais que dites-vous du Messie,
Et quel est son abaissement ?
Si les promesses ne sont vaines,
Que nous lisons dans nôtre écrit,
Nous verrons dans peu de semaines
Notre Messie Jesus-Christ.
Mais faites mieux, je vous supplie,
Vu la rigueur de la saison,
Venez, Joseph, venez, Marie,
Avec l'Enfant dans ma Maison.

La sainte Vierge.

Notre Loi veut qu'une accouchée
Demeure après l'enfantement
Quarante jours fort enfermée,
Et sans sortir aucunement.

Le Rabbin.

Cette Loi ne fut jamais faite
Pour vous, digne Mère de Dieu,
Non, vous n'y êtes point sujette,
Et vous pouvez quitter ce lieu.

La sainte Vierge.

Comme mon Fils , je dois l'exemple,
Je veux laisser passer ce tems,
Après quoi nous irons au Temple,
Y faire nos pauvres présens.

Le Rabbin.

Mais , Madame, il est impossible
Que vous puissiez rester ici,
Le froid qu'il fait est si sensible,
Que votre Enfant est tout transi.

La sainte Vierge.

Puisqu'à notre nature humaine
Il unit sa Divinité,
Il souffrira bien cette peine
Par un excès de charité.

~~~~~~~~~~~~~~~~

Noël, sur l'air : *Or nous dites Marie.*

Ecoutez bien l'histoire
　D'un Dieu dans le berceau,
Gardez-en la mémoire,
Il n'est rien de si beau;
A ce sacré Mystère
Songez à tous momens,
Chrétiens de votre Père,
Lisez le Testament.
　Le Ciel combloit la terre
De ses plus doux bienfaits:
Les horreurs de la guerre

Faisoient place à la paix.
Par un édit d'Auguste,
Dans ce vaste Univers,
On fit un compte juste,
De ces peuples divers.
　Son édit se publie
Jusqu'à Jérusalem,
Joseph avec Marie,
En partant pour Bethléem,
Dans un saint mariage,
Tous deux en liberté,
Au Ciel faisoient hommage
De leur virginité.
　Marie étoit enceinte,
Son tems étoit venu,
Joseph pâlit de crainte,
Sitôt qu'il l'eût connu ;
Vers une hôtellerie
Ils s'avancent tous deux,
Mais chacun se récrie,
Il n'en est point pour eux.
　Quel état déplorable,
Joseph se voit réduit
A chercher une Etable,
(C'étoit sur la mi-nuit),
Son Epouse sacrée,
Sans peine, sans douleur,
Dès qu'elle y fut entrée,
Enfanta le Sauveur.
　Près de cette demeure,
Dormoient quelques Bergers,
Un Ange à la même heure,
D'un vol des plus légers,

Fend l'air, il les éveille,
Et leur dit à l'instant,
Venez voir la merveille
Que l'Univers attend.

Un enfant vient de naître,
Qui commande en tous lieux ;
Pasteurs, il est le Maître
De la Terre et des Cieux,
Il est dans une Crêche,
Ce lieu n'est pas bien loin,
Sur de la paille sèche,
Et sur un peu de foin.

A voir ce Roi des Anges,
Chacun seroit trompé,
De drapeaux et de langes
Il est enveloppé ;
Pour soulager sa peine,
Pour adoucir ses maux,
Il se sert de l'haleine
De deux vils animaux.

Ayant fait son message,
Cet Ange disparut,
Pour aller au village,
Plus d'un Pasteur courut ;
Ils vont droit à l'Etable
Chercher ce nouveau né,
A sa vue adorable
Chacun s'est prosterné.

Que faites-vous, Marie,
Quand vous les voyez tous,
Laisser leurs bergeries
A la merci des loups ?
Vous vous disiez à vous-même,

Comme tous les Chrétiens,
Pour voir leur divin Maître,
Ont quitté tous les biens.

~~~~~~~~~~~~~~~~~~~~~~~~~~~~~~~~

Noël, sur l'air : *Je ne saurois, etc.*

ON dit que dans une Etable,
   Par un prodige nouveau,
Dieu s'est fait notre semblable,
Pour nous sauver du tombeau.
   Je ne saurois
Voir mon Dieu si misérable,
  J'en mourrois.
   Quand l'on voit dans l'impuissance
L'Auteur de tout l'Univers,
La sagesse est dans l'enfance,
L'impassible est dans les fers.
   Je ne saurois
Voir mon Dieu dans l'indigence,
   J'en mourrois.
   A peine a-t-il pris naissance,
Que le sang de cet agneau
Coule en très-grande abondance
Sous le tranchant d'un couteau.
   Je ne saurois
Voir Jesus dans la souffrance,
   J'en mourrois.

~~~~~~~~~~~~~~~~~~~~~~~~~~~~~~~~

RÉJOUISSEZ-VOUS, divine Marie,
  Réjouissez-vous avec votre Epoux ;
Dieu vous aime tant,

Qu'il vous a choisie,
Il vous aime tant,
Qu'il est votre Enfant.
Réjouissez-vous, ô nature humaine!
Réjouissez-vous, ce Dieu est pour vous,
Il vous aime tant,
Qu'il brise vos chaînes,
Il vous aime tant,
Qu'il vous rend content.
Adorons ce Dieu naissant dans la grange,
Adorons ce Dieu qui choisit ce lieu,
Qu'il y est charmant!
Il y ravit les Anges,
Qu'il est charmant
Ce petit Enfant!
Recevez nos vœux, ô Roi débonnaire!
Recevez nos vœux, rendez-nous heureux:
Un cœur est content
Possédant la gloire,
Un cœur est content
Eternellement.

FIN.

NOELS

ET

CANTIQUES NOUVEAUX

SUR LA NAISSANCE

DE NOTRE - SEIGNEUR JESUS-CHRIST.

A METZ,

CHEZ COLLIGNON, IMPRIMEUR-LIBRAIRE.

1824.

NOELS

ET

CANTIQUES NOUVEAUX

Sur la Naissance de N.S. Jesus-Christ.

Dialogue entre les Rois et les Bergers, en langues Française et Vôgienne, sur l'air : Je conterai, etc.

Les Bergers.

JAsu, ja la cuche transi,   *bis.*
  La pute gens que vaci, qui nous éproche,
Pernez terto vos guillots,
Et je penra me soche.

Les Rois.

Nous sommes trois Rois d'Orient,   *bis.*
Qui venons d'un cœur riant, dans la Judée,
Pour adorer l'Enfançon,
Qu'avons eu en idée.

Les Bergers.

Vou lie troubla le repou,   *bis.*
Val in chier qui me fa pou, da les épales,
L'et bi le co d'ine gen,
Ma let tête d'in More.

Les Rois.

Ne vous étonnez de rien,   *bis.*
Car c'est un Ethiopien, qui ne recherche,
Que l'adorer à genoux,
L'Enfant dedans la Crêche.

Les Bergers.

Morda vo n'y entrero pas ,   *bis.*
Vo veni mengie lo soupa qu'on l'y épotte ,
Osse inlet qui fa veni ,
Quand on ni vot pu gotte.

Les Rois.

Encore qu'il soit noir nuit ,   *bis.*
Nous voyons que tout reluit dans cette Etable ;
Permettez-nous d'y entrer ,
Pour servir à sa table.

Les Bergers.

Veni vo dites mou bin ,   *bis.*
Tant lou so que lou metin devan l'ourore ,
So let mere de clata ,
Que soula adore.

Les Rois.

Préparons donc nos présens ,   *bis.*
D'or, de myrrhe, aussi d'encens, avant l'entrée,
Pour adorer l'Enfançon ,
Et la belle Accouchée.

Les Bergers.

Lou fon , l'entrein so son or ,   *bis.*
Let poreté sou trésor , et n'en vut d'aute ,
Valet se pore mageon ,
Que va meu que le vote.

Les Rois.

Bergers, ne méprisez point ,   *bis.*
Ceux dont Dieu veut prendre soin, voilà l'étoile
Qui nous a dit de sa part ,
Cette bonne nouvelle.

Les Bergers.

Qui osse ce pu chabrouilli ?   *bis.*
O-t-il de let compéguie ? qu'il se recure ,

Il fera pou et l'Ofant,
Evou se revvature.

Les Rois.

Bergers, ne savez-vous pas,   *bis.*
Qu'il est descendu ici-bas pour tout le monde,
Les plus noirs sont assez blancs,
Quand ils ont l'ame monde.

Les Bergers.

Vo faites mou lo sevans,   *bis.*
Vo n'éto quo vuar évant, que fat-il fare?
Evant que d'entrer dedans,
Pou ne l'y pou déplare.

Les Rois.

Bergers, nous vous supplions,   *bis.*
Avant donc que nous entrions, de nous ap-
            prendre,
Ses divines qualités,
Et l'honneur qu'il faut rendre.

Les Bergers.

D'honnou vo ne l'y en serin,   *bis.*
Tant rende que l'épertin, lou Cie let Tarre,
So lou mente de ses bins,
Penso si n'en n'et vuare.

Les Rois.

Pourquoi donc est-il venu,   *bis.*
Si pauvre et si peu connu dans le monde?
Il ne pouvoit pas trouver
De demeure plus immonde.

Les Bergers.

Quand vo sero qu'il ot,   *bis.*
Vo diro lou brave éto let riche greinge!
Not ce mit let mageon de Dée,
Les démoure des Ainges.

Les Rois.

Bergers, à ce que je vois,   *bis.*
Vous savez toutes les lois et les Prophètes,
Instruisez-nous pleinement
De cette heureuse Fête.

Les Bergers.

Puisque vous été pouté,   *bis.*
D'y ne boune volonté, preni couraige,
Je ve dira ce que j'en sai,
Et mou bon gros langaige,

Les Rois.

Si le langage est pesant,   *bis.*
Le discours est plaisant et profitable,
Pour nous disposer tous trois
A entrer dans l'Etable.

Les Bergers.

Ico pa let tête gée,   *bis.*
Que je sin do pore Bogées, de let montaigne,
Je son bin aussi seivant,
Que so de let campaigne.

Quand les Ainges sont venus,   *bis.*
Chantans tout fin mere nuds, sus note côte,
Pache su tarre, et glore ès Dée,
J'y éto tout de côte.

So lou grand Mate du Cie,   *bis.*
Que j'eppellons lou Messie et hat et clere,
Bin pu vie que cette Déme,
Et que l'âge de sou pere.

Ce qui nous et fa venir,   *bis.*
So l'étoile di métin, let belle Déme,
So que comme il éto Dée,
Et de Dée s'est fat homme.

N'y et étole dans lou Cie,   *bis.*

Que so plus belle que lie, sot let plus belle
Que so dans le Firmament,
De l'Eglise nouvelle.

Let musique qu'on y fat, *bis.*
So, ut, re, mi, fa, sol, la, so tout les Ainges
Que venons pou l'en dourmi,
Et toute houre y rechainge.

Penso vo que sou Papa, *bis.*
Soie ce pore vi oncla, quot sur let selle,
Lot bin Méri de let Déme.
Ma let Déwe ot pucelle.

Vo n'éto que trop seivant : *bis.*
Entro in po pu évant, val ine toche,
Enfin que ne trébuchains,
Le long de ce grand poche.

Chier Joseph, va ti vor, *bis.*
Si vo gachenot dor, qu'on lou ravoille,
Voici do Ros, de Signous,
Que lie époutent marvoille.

Le Roi Balthazard.

Sire, lui dit Balthazard, *bis.*
Avec un humble regard, voici la myrrhe,
Qu'à votre immortalité
J'offrirai la première.

Les Bergers.

Et on sai bin qui meuret, *bis.*
Qu'en tare on le bouteret pou quérante houre,
Et pu ressusciteret,
Sans jéma pu remoure.

Le Roi Gaspard.

Du plus profond de mon cœur, *bis.*
J'offre une coupe d'odeur, sur l'assurance,
Que j'ai de la vérité,

De sa divine essence.

Les Bergers.

Je cro que so de l'encens,   *bis.*
Et que ne le vo le sent, let Créature,
Que nous représente mue,
Sotte humaine nature.

Le Roi Melchior.

O grand Roi! dit Melchior,   *bis.*
Recevez de moi cet or que je vous offre,
Il est de plus rafiné,
Qui soit dedans mes coffres.

Les Bergers.

Vous vous éto écouda,   *bis.*
Pou vo fare écouda de vos offrandes,
Ollez vos en qu'il ot ta,
Et que Dée vo le rende.

Les Rois.

Bergers, nous vous remercions,   *bis.*
De vos bonnes instructions, et de l'entrée
Que vous nous avez donué,
Vers la Vierge accouchée.

Les Bergers.

Ranguena vos grands méchis,   *bis.*
Nos en sommes tous féchis, note récompensé,
Not aute que le bon JESUS,
Dée vo donne boune chance.

~~~~~~~~~~~~~~~~~~~~~~~~~~~~~~~

Noël, sur l'air: *A la nôce de Jeanne.*

QU'Adam fut un pauvre homme,
De nous faire damner
Pour un morceau de pomme,
Qu'il ne pût avaler :

Sa femme sans cesse ,
Le flatte , le presse ,
D'en goûter un petit ,
Croyant que la sagesse ,
Que le diable avoit dit
Gissoit dedans ce fruit.

Mais s'étant aperçue
Que sage on n'étoit pas ,
Se voyant toute nue ,
Après ce bon repas ,
Honteuse , tremblante ,
Piteuse , dolente ,
Elle court au figuier :
Et ramassant ces feuilles ,
Tâche de les plier ,
Pour se faire un tablier.

Cependant notre Père ,
Que le morceau pressoit ,
Tout rouge de colère ,
Sa femme maudissoit ,
Perfide , cruelle ,
Crédule , rebelle ,
Tu trompes ton époux ;
Que dira notre Maître ?
Fuyons et cachons-nous ,
Je crains trop son courroux.

A ce bruit déplorable ,
Dieu descend promptement ,
Et d'un air aimable ,
Appelle doucement ,
Mon Eve , ma fille ,
Epouse gentille ,
Adam de moi chéri ;

Mais à cette semonce,
Ni femme ni mari
Ne disent, me voici.
   L'Auteur de la Nature,
A qui rien n'est caché,
Sous un tas de verdure,
Découvre Adam caché,
Tout triste, tout pâle,
Qui tremble, tout sale
De s'être ainsi traîné ;
Qui répond, c'est la femme
Que vous m'avez donnée,
Qui m'a presque damné.
   La femme, à cette plainte,
Contre Adam se défend,
Et dit que sa contrainte
Ne vient que du serpent ;
Que dire, que faire,
De rire, de braire,
Ce n'est plus la saison ;
Dieu leur ouvre la porte,
Et comme de raison,
Leur défend sa Maison.
   Cette triste infortune
Causa tous nos malheurs,
La vieillesse importune,
Et les plaintes et les pleurs ;
La peste, la guerre,
Par toute la terre,
S'épandit à son dam,
Pour punir l'insolence
De notre pauvre Adam
Dans chaque descendant.

Noël, sur l'air : *Allons tous à la Crèche.*

BOurgeoisie de Nancy,
Ne soyez en souci,
Soyez gaie et gaillarde,
Cette journée ici,
Que naquit Jesus-Christ,
De la Vierge Marie,
Près le bœuf et l'ânon, don don,
Entre lesquels elle accoucha, la la,
Dans une bergerie.

Tous les Anges ont chanté
Une belle chanson,
Aux Pasteurs et Bergers,
De cette région,
Qui gardoient leurs moutons,
Paissans sur la prairie,
Disant que le mignon, don don,
Etoit né près delà, la la,
Jesus le fruit de vie.

Ils laissèrent leurs troupeaux
Paissans parmi les champs,
Ils prirent leurs chalumeaux,
Et joyeux instrumens,
Ils vinrent dansans, chantans,
Droià' iB erge rie
Pour visiter le saint Enfant,
Lui donnant des joyaux très-beaux,
Que Jesus loue et prise.

Les filles de Machéville,
Comme en procession,
Leurs paniers bien garnis,

Vont trouver le Poupon,
Ayant ouï le son,
De la douce harmonie,
Que faisoient des Pasteurs joyeux,
Lesquels n'étoient pas las, la la,
De mener bonne vie.

Les Pucelles de Tomblaine,
Ne furent point endormies,
Avec leur beurre et laine,
Toutes au champ se sont mises;
Et toutes celles d'Essey,
Ont passé la rivière,
Après avoir ouï le bruit,
Comme aussi le débat, la la,
De celles de Margéville.

Et celles de Champigneulle,
Ont accouru au son,
De Boussières et Pompé,
Rosières, les Trois-Maisons,
Apportèrent beaux poissons,
Anguilles et rousselettes;
Et celles de Frouard gaillard,
Apportèrent à grands pas, la la,
Un sac plein de perchettes.

Celles de Lay et Laxou,
Firent très-bien leurs devoirs,
Elles firent un beau présent
Au Roi qu'elles venoient voir
Aussi celles de Viller,
Négligeant leurs affaires,
Se mettent toutes en chemin matin,
Pour trouver le Soula, la la,
Du monde, aussi sa Mère.

Prions la Vierge Mère,
Et son Fils Jesus-Christ,
Qu'ils ayent de nous mémoire,
Dedans le Paradis,
Après qu'aurons vécu,
En mortel repaire,
Ils nous veuillent garder d'aller,
Tous en enfer là-bas, la la,
En tourmens de misères.

Noël, sur l'air :

Mon Dieu, qui avez bien voulu, etc.

GRand Dieu, qui avez bien voulu
Pour nous prendre naissance ;
Sans vous, nous étions tous perdus ;
Selon toute apparence,
Par un excès de charité,
D'une volonté pure,
Pour sortir de captivité,
Notre humaine nature.

O Bergers ! que vous fûtes heureux
D'entendre la nouvelle,
Qui vous fut dite dans les Cieux,
D'une manière solennelle,
De voir de vos deux yeux mortels,
Celui que tous les Anges
Adorent dessus nos Autels,
Avec tous les Archanges.

La nuit de Noël il est né,
La nuit tant désirée,
Des saints Pères aux Limbes enfermés,
Qui depuis tant d'années,

Attendoient tous en gémissant,
La venue et naissance
Du Messie Sauveur Tout-Puissant,
Suprême en excellence.

Les Bergers étant arrivés,
Se disoient à l'oreille,
Quel prodige de charité !
Quelle rare merveille !
De voir cet aimable Poupon
Dedans un temps où les glaçons
Reluisoient aux murailles.

N'aperçois-je pas un beau train,
Qui au galop s'avance,
Ce sont gens de grand moyen,
Qui font belle apparence :
Guillot s'approche adroitement,
Prend des chameaux la bride,
Ce sont puissans Rois d'Orient,
Il veut être leur guide.

Je veux les conduire dans le lieu
Où est cette Accouchée,
Et là je leur ferai du feu,
S'il y a cheminée,
Michaud, prends garde comme ils font ;
Car ce sont des Rois sages,
Qui veulent rendre à ce Poupon
Leurs devoirs et hommages.

Michaud qui les vit prosternés
Les deux genoux en terre :
Dit, Guillot, tu n'en eus usé
D'une telle manière ;
Adorons-le, et le prions
De nous faire la grâce

Qu'en Paradis nous le puissions
Voir un jour face à face.

~~~~~~~~~~~~~~~~~~~~~~~~~~~~~

Noël, sur l'air :

Une jeune Pucelle, *etc.*

E Une jeune Baisselle,
De boin Paran,
Que fut toujou Pucelle,
En sou viquan,
Déhant in jou,
Ses Patenat et set Chambe,
Vit in Einge desbante,
De let pai de noute Cheignou.

El fut tout eschemoudhie,
Di preumeie co,
De vor sans compeignie,
Inq que bucquo,
Que parebho bé,
Et reluhan tout en aire,
Et ca pu que n'esclaire,
Lou Selou ca louvé.

Sans palé et point d'houme,
Ni et gahhou,
Toute perleie ne voulome,
Dans set mahhon,
Val donc pourquet,
L'a toute épouvantée,
D'eune sefete entrée,
Dedans sou cabinet.

Enfin, elle se repaire,
In po esprès,
Quel o ay l'effaire,

De l'Einge let,
Da dessus ses genou,
Elle luve in po let tête,
Pou ay lou remede,
Qu'apoutho lou Savou.

    L'Einge piein de louquance,
Fat compliment,
Evou let révérence,
Mou imblement,
Dehant boinjou,
Mere pieine de grace,
Dée que vint en voute race,
So toujou et vou vous.

    Il m'envoye vous dire,
D'euf préparé,
Pou sou Feute, ca noute chire
Que vut entré,
Tout fin dan vou,
Pou l'y servi de Mere,
Ca i vinret en terre,
Dont l'en seret lou Savou.

    Lou tems des proufétie
At escompli,
Ca vassi lou Messie,
Cato preumi,
A monde affin,
De veudit let querelle,
Entre l'Enfant rebelle,
Et sou Pere divin.

    Et que pou telle affare,
Cas qui falo,
Eune que peuhhe piaire,
Et ce grand Ro,

Pou l'y servi
De Mere, et que so Pucélle,
Et enca let plus belle,
De terlou lou peys.

Let val épouvantée,
Da que l'esprend,
Qui falo qu'elle sée,
En po de tems,
Mere, pouhta,
Quel voulo meuri Virge,
Et quelle s'ato premiche,
A bon Dée qu'à let ha.

Mai l'Einge l'y échurre,
Que l'ou Saint-Esprit,
En evo pris les aire,
Et entrepris
L'effaire let,
Que jesma su let terre,
L'Affan nero de Pere,
Ce que mou let consolet.

Que quand i sero à monde,
On lou heuchero,
Jesus, que fero l'amonde,
Comme in boin Ro,
A pores gens,
Qu'errin pahdieu les graices,
Seuvant les ouetes traices,
De zoute Pere Adam.

Que cela so, j'y escode,
O Gabriël,
Si je su digne et commode,
Et l'Eternel,
O lou boin mou!

O let douce parole !
Que nous reboutret en role,
Des affans bin heuroux.
    Val, dit-elle , let Demhalle,
Di Ro que vinret ,
Je li sera toujou lealle,
Tant qui viqueret ,
Et tout asto,
Jesus fa soun entraie ,
En set Mere sacraie ,
Virge comme l'ato.
    Sa fai lou mériége,
Qu'ato preumis.
Dedans noute por Lignéige ;
Les val esmis ,
Dée démouret ,
Dans noute cueuche et noute aime,
Je n'érons pu d'élairme,
Dit peut diaile let.

Noël, sur l'air :
Vous me l'avez dit , souvenez vous-en.

ALlons voir Jesus naissant ,
C'est le Fils du Tout-Puissant :
Remplissons tous nos hameaux
Du son des hautbois et des chalumeaux ;
Remplissons tous nos hameaux
De nos chants les plus nouveaux.
    Que tout chante en ces bas lieux,
Comme on chante dans les Cieux.
Tous les Anges dans les airs
Chantent gloire à Dieu , paix à l'Univers ;

Tous les Anges dans les airs
Forment de charmans concerts.
  Ça, Bergers, ne tardez pas,
Accourez, suivez mes pas.
Venez tous en ce beau jour,
Au plus grand des Rois faire votre cour ;
Venez tous en ce beau jour,
Pour répondre à son amour.
  Laissons nos moutons épars,
Bondissans de toutes parts :
Nous ne craignons plus les loups,
Un nouveau Pasteur veille ici pour nous ;
Nous ne craignons plus les loups
Le Ciel n'est plus en courroux.
  Mais quand ces fiers animaux
Fondroient tous sur nos troupeaux ;
Pour un Dieu si plein d'appas,
On compte pour rien les biens d'ici-bas ;
Pour un Dieu si plein d'appas,
Que ne quitteroit-on pas !
  Auprès du souverain bien
Tout le reste n'est plus rien :
Un Dieu se donne aujourd'hui,
Pour tout autre bien soyons sans ennui ;
Un Dieu se donne aujourd'hui,
Nous avons tout avec lui.
  Le voici, l'heureux séjour
Où triomphe son amour.
Quelle ardeur vient m'enflammer !
Que de doux transports viennent me charmer !
Quelle ardeur vient m'enflammer !
Tout me dit qu'il faut l'aimer.
  Le voici, ce doux Sauveur,

Cet objet ravit mon cœur :
Qu'il est beau ! qu'il est charmant !
Qu'il mérite bien notre empressement !
Qu'il est beau ! qu'il est charmant !
Qu'il nous aime tendrement !

Dans nos cœurs, divin Enfant,
Votre amour est triomphant :
Nos cœurs se donnent à vous,
Et c'est le présent le plus cher de tous ;
Nos cœurs se donnent à vous,
C'est l'hommage le plus doux.

Noël, sur l'air : *Hélas ! où fuyez-vous ?*

ELlairme, Compaignons,
Ca je voüe da bin lon,
In gros moüa de Gendairme et Soudair,
Que nous panront nos troupé tout en air,
Hélas ! ce son pahdieu,
Tout en as nore,
I sont drus et menus,
I feront let guerre à riche et à pore,
Smédée je sons pris,
Si nous trouvons toussi.

Bassèlles et Peturez,
I nam tems de paslez,
Vite, à puto, courez parmei les champs,
Pout remessé nos troupé tout d'in tems,
Bouté, Briffo, exprès,
Et vou Fidele,
Pou les ertouné,
Pendant que je fera let sentinelle,
Ca je serin pris,

Si nous trouvin toussi!

Chan, je vouë in Goujair,
Dessus in Dromadair,
Ca tout perlu poute pante lou davant,
Je l'y vai demandé tout en pessant,
Quelles gens sont ce let,
Si sa de guerre,
Et si se fa savé,
Si lou fallo que de misere,
Smédée je sons pris,
Si nous trouvons toussi.

Boinjou, mou bé Faillon,
Sans ve dépiaire, qui sont
Teurtous solet que font tout esprès vous,
Que nous ont beilli let trance et ca let pou,
Da que je les évons vu,
Su let monteigne,
Que l'ont dehhandu,
Et que tenont teurtous la campeigne,
Si nous evin pris,
Nous férin t'ils meuri.

Nian, n'en doutez mi,
Ce ne som des ennemis,
Mas biñ tro Ros que venont de l'Orient,
Etvou de l'or, de let myrrhe et cas de l'encens,
Pou zen fare zo dons,
Et zos hommeiges,
Et inq que dit-on,
Qui a né Ro,
Dedans in villeige,
Demourez toussi,
Et cas vos bêtes assi.

Mou chir feu, je saivons,

Lou Ro let qui quoiront,
Je l'évons vu, et l'évons visité,
Dans eune Etabe pieine de porté,
Couchi dessus di train,
Et n'et qu'in Aisne,
Et iz Bu pou train,
L'Etabe at escotaye d'in chaisne.
Qu'on voüe da toussi,
Lou val tout vis et vis.

Esdée mou boin esmi,
I ne se fam trou fiv,
Et des Soudair qu'en pantin sur l'até,
I pourrin ca bin pante nos troupé,
Set moignons les pranzie,
Dessou let goulatte,
Di fond di paisquis,
Mais il fa roté les cleuéhattes,
Di co des berbis,
Que les férin découvri.

Set Compere Micha,
Boutons-nous en meuchha,
Derry let heye quat on delet di foussé,
Linq esprès lat, on les oüairet pessé,
Paix, couje téu, peut praquai,
Les val que pesse,
Poul cou sa tout vrai,
Qui sont teurtou allé en chesse,
De l'Affan qu'a dit,
Lout Prince di Peys.

Enfin les val pessez, et nous val échepez,
Courrons esprès pou vor se l'entreront,
Dans l'Etabe, et qué mine qui tanront,
I vont en Béthléem,

Laihhan Hérode,
Dans Jérusalem,
Ce que l'Einge et dit,
Mou bin s'écohde,
Quand i nous et dit,
Que l'ato Ro di peys.

    Pou lou vra les Bourjos,
Voyant ces tro grand Ros,
Eront l'eslairme, et zo pohte cloron,
De pou d'être pris de zo ; mai ces lairons,
Smédée lou méritrin,
Pou zout malice,
Ce sont des couquins,
Ce sero faire inlet justice,
I les frin peri,
Les chessant di peys.

    Mai Coulai, n'este meu vû,
Inq des Ros si caimu,
Et quato xor ca pu nor qu'in cremet,
La bin lon tems que sou visege n'esme lêvé,
I feret pou et l'Affan,
Sin se sou lesve,
Il net que les dents, que sins in po bians,
Et ses poute erlesve,
De dou doye, et si,
Ses hens lou resanne assi.

    Deu, je cro qui se mouquon de l'Affan, si
        li denont,
De zoute myrrhe, et enca de zoute encens,
Quaisque pourro mingi desfet présens,
Enca se sato di pin,
Ou de let taithe,
Où sfet dec de boin,

Coume in touthié,
Cüe dessus l'aithe,
Où pou lou por petit,
In po de seuq candi.

Mougin, eroüates in po,
Ce ne les valet tou tro,
Que se boutont et genou mou implement,
Devant let Mere et ca devant l'Affant.
Deu, quiasqué jemas vu,
Qu'on esdoureuche,
In Affan tout nu,
Su de let train,
Dans in leuë freuhhe,
Quaisque l'ero dit,
Ce que je voyons toussi.

Coulin, eroüate lou poupai,
Que n'em ca tout effai,
Dou smanes, et si let dejet de let rahon,
Beillant à Ros set bénediction,
Boutons nou vîte et genou,
Effin que j'en inshe,
Coume late jou,
Noute pai, effin que j'eul servinshe,
Meüe à monde si,
Pou oüaigni Peredis.

Noël, sur l'air: *Laissez paître vos bêtes.*

O Divine Sagesse!
Don précieux, Trésor des Cieux;
O divine Sagesse!
Venez naître en ces lieux.
Vous commencez, vous poursuivez,

Du

Du même soin vous achevez,
Vous nous cherchez, vous nous trouvez,
Votre bonté nous presse,
Et fortement, et doucement,
Eclairez-nous sans cesse
Dans notre aveuglement.

   Descends, flambeau céleste,
Tel qu'autrefois sur Sinaï;
Descends, flambeau céleste,
Brillant *Adonaï*,
Nous t'allons voir sur l'hórison,
Comme Moyse en un buisson,
Pour nous tirer de la prison
Où le péché funeste
Même en naissant nous a tous mis;
Ce seul espoir nous reste,
Grand Dieu! tu l'as promis.

   O signe favorable!
Par qui la paix a commencé;
O signe favorable!
Racine de Jessé,
Tout l'Univers suivra tes lois,
Tu régneras sur tous les Rois;
Reçois nos vœux, entends nos voix,
Rédempteur adorable,
Délivre-nous, viens ici-bas,
Deviens-nous favorable,
Descends, ne tarde pas.

   O clef du Roi prophète!
Que ton pouvoir brille à nos yeux;
O clef du Roi prophète!
Viens ouvrir les Cieux;
Tu peux ouvrir, tu peux fermer,

B

Mais si tu daignes nous aimer,
Rien ne doit plus nous alarmer,
Notre joie est parfaite ;
Viens donc, Sauveur tant souhaité,
Notre ame est inquiète
Après sa liberté.

　　O Soleil de justice !
Dont l'Orient chasse la nuit ;
O Soleil de justice !
Par qui le jour nous luit,
Splendeur de la Divinité,
Répands sur notre humanité
Quelques rayons de ta clarté ;
Viens voir d'un œil propice,
De l'homme ingrat quel est le sort ;
Voudras-tu qu'il périsse
Dans l'ombre de la mort ?

　　O puissant Roi du monde !
Qui fait l'objet de tous les vœux ;
O puissant Roi du monde !
Tu peux le rendre heureux ;
Il tomberoit sans ton appui,
Il s'est flatté jusqu'aujourd'hui,
Que ton amour seroit pour lui ;
L'homme en toi seul se fonde,
Faut-il, après l'avoir aimé,
Que ta main le confonde,
Ta main qui l'a formé.

　　O souverain Messie !
Reçois le nom d'*Emmanuël* ;
O souverain Messie !
Fils du Père éternel,
Nous sommes tes nourrissons,

Mais loin de toi nous gémissons ;
Viens nous sauver, nous périssons,
Tu nous rendras la vie,
O notre Maître et notre Dieu !
Ton amour te convie,
A naître en ce bas-lieu.

Noël, sur l'air : *A la venue de Noël, etc.*

Le Valet. MAíte vous ne sevom dous que
je venons,
Et pourquet je ramounon si ta,
Da champs nos berbis et moutons,
Vous ne serin crore ce que je dira.

Le Maître. Je boutrai que seret lou loup
Qu'eret étranguié des berbis,
Mas ous que vatin zar teurtou,
Et met pai en est-il mou pris.

Le Valet. Ca voute graice, ce nam selet,
J'evous pu d'eignez que je n'evin,
Ca let neuë ci en Nazareth,
Lan est venu à monde in divin.

Le Maître. Où as que la, te ne l'aipothe meu,
'Asto qui n'a dejet que trou mo,
Quas te veu dit, je ne l'entens meu,
D'ou as qu'in tel eignez vanro.

Le Valet. In Einge qu'on dit qu'on lou huche
Gabriël a venu pas neüe,
Qu'evo zar lou son d'eune cleuche,
Et que sanozar bin di feüe.

I nous et revailli teurtou,
Chantant je ne sai quet en letin,
Je n'en asme ertenu in mou,

B

Tant faihin zar de bru nos chins.

Eprès qui se sont repahi,
I nous et dit que j'en alince,
Et let gringe de Chan Meuhi,
Ou qu'ato né in mou grand Prince.

J'y evons couru comme à feüe,
Mas quand j'evons etu toulei,
In sanomzar qui saye ca neüe,
Tant l'i faiho de grand clater.

Et si pouhta i n'y evo,
Non pu l'eulmer que su met min,
J'y vith etca tro mon bés Ros,
Qu'edourin l'Affan su di trin.

Pu delet l'i fichtent des preusans,
Linq l'y beillieu in pot d'or, myr,
In ate l'i beilli de l'encens,
Lat so ee que je ne sero dir.

Il y evo inq de ces tro,
Qu'ato ca pu nor qu'in cremer,
Quand j'eul vi jeum sagni asto,
Jemai jeun vis lou pu peut maile.

Je crao que sato lou malin,
Mai in doutom béfeut les creües,
Pouhta que sato in houm de bin,
Qu'ato venu de pu de cent leües.

Pou esdouré lou bel Affan,
Que l'Einge espello in Eigné,
Et qu'ato Feut di Teut puhhan,
Fai houm pour nous tous rescheté.

Set Mere l'esdoro enca,
Couchi dessu in po de peil,
Et in vi houm que peurnoza,
Qüaique et teurtou zout estireil.

Que n'atozar qu'in bu oüair grai,
Et in aisne tout esranné,
D'avoi pouthie stu qu'evo fai,
Lou monde, et si n'atom ca né.

Le Maître. Set Mere a donc eune gran-
Deime,
Et sou Pere in mou gros Monsu,
Qu'ont lougi dedans Béthléem,
Des sfets sont toujou les bin venu.

Be Dée, qui as in tel Affan,
Né dans in Étabe éboulaie,
Su in po de trin tant sulman,
Sans f. üe en in tems de jalaie.

Le Valet. Sa de nout boin cheinou lou feut,
Tant proumis par les proféties,
Pou vous savé et enca meu,
Sa stu qu'on do beuchi Messie.

Et la venu bé feut en coïchat,
Pou vor si j'eul recounnahheran,
Entortilli dans des coutrat,
Et des vi drespz de haillon.

Set Mere a pucelle, et seret
Toujou sou Père at esternel,
Et lou Saint-Esprit l'ombret,
En piesse d'in Méri mortel.

Sat assi pou nous ensagni,
Qui va meue n'avoüe rin di tou,
Pou oüaigni piesse dans le Ci,
Que de mingi tous les jou di rou.

Le Maître. J'eul vai don vor, demour toussi,
Jusquet tant que je m'en revanray,
Pou prii l'Affan d'effessi,
Les fate et les ma que j'ai fa.

Noël, sur l'air :

Où s'en vont ces gais Bergers, ensemble, etc.

DOux Sauveur, Enfant d'amour,
 En qui le monde espère ;
Sitôt que tu vois le jour,
Tu finis sa misère ;
Sitôt que tu vois le jour,
Tu lui tiens lieu de Père.

 Tes enfans étoient perdus,
Sans ton amour extrême :
Que de biens leur sont rendus
Par ta bonté suprême !
Que de biens leur sont rendus !
Tu les donnes toi-même.

 De l'enfer et du trépas
L'homme étoit la victime :
Puisqu'Adam ne fit qu'un pas
Pour tomber dans l'abyme ;
Puisqu'Adam ne fit qu'un pas
De l'innocence au crime.

 Il étoit dans un jardin,
Dans un lieu de délices ;
Le serpent en fit soudain,
Par ses noirs artifices,
Le serpent en fit soudain
Un séjour de supplices.

 Des appas d'un si beau lieu,
L'ame toute ravie,
Il veut devenir un Dieu ;
Par une injuste envie ;

Il veut devenir un Dieu,
Il en perdra la vie.

Il se voit livré d'abord
A des douleurs mortelles :
Il attend, après sa mort,
Des peines plus cruelles ;
Il attend, après sa mort,
Des flammes éternelles.

C'étoit peu d'un repentir
Pour calmer la tempête :
Le tonnerre alloit partir,
La vengeance étoit prête ;
Le tonnerre alloit partir
Pour fondre sur sa tête.

Grand Dieu, tu veux t'incarner,
Pour finir sa disgrâce ;
La justice alloit tonner,
Mais l'amour prend sa place ;
La justice alloit tonner,
L'amour demande grâce.

Ah ! tu daignes prendre soin
De ta propre vengeance ;
Le coupable avoit besoin,
Par rapport à l'offense,
Le coupable avoit besoin
De toute ta puissance.

Nous voulons aller à toi,
Soutiens notre foiblesse :
Nous nous faisons une loi
De l'ardeur qui te presse ;
Nous nous faisons une loi
De t'adorer sans cesse.

Noël, sur l'air : Noël pour l'amour de Marie.

ENfin j'évons vu ce que l'Einge
Nous et espris dedans sou chant,
D'in Affan né dans eune greinge,
Ca lou Feut d'in Dée Tout-peuhhan :
Mai caissa, Compere Quertaille,
Que t'est tant dit lou boin Joset,
Stépoint sa qu'eque grand marvaille
Qu'at errivé bin l'on palet.

Siv sevin tout ce qui pu dire,
Vous en erin let larme et l'œil,
L'evont souffri mou gran mertyre,
Et l'on étu en mou gran deuil,
Auguste l'Emperou commande,
Pa l'édit let que chesquin se,
Que teurtou évinchte et se rande,
A leue que lor evou noummé.

Chesquin dedans sou Baillieige,
Pou declarie et sou Coumis,
Combin que latin en zos mineige,
Jusqu'à pu petit rer esprenti,
Effin d'épanre tout en aire,
Combin il y évó de gens,
Dedans lou monde, et quelle effaire,
De quez metaye l'atin fehan.

Val pourquet Jouset et Merie
Ont estu lougi si porement,
Dans eune mechante Bergerie,
Ous que n'y demouro nuzan,
Pouhta que les grosses Tesvenes,
Ne vouluchetent les recevor,

Dehant que l'atin tout rejanbienne,
Mas putost ca que l'atin trou por.

Et les gros bourjos les plus riches,
L'erouatin d'in œil de traivé,
Lou pore Chire, tant l'atint chiches,
Enca que piens jusqu'à cravé;
Y l'etcufin sanlou counabhe,
D'aou débachié mechamment,
Eune Baisselle belle et frahhe,
Ma i boudhin bin puamment.

Chesquin lo chanto mille injures,
Et lo beillo mille laidhon,
De bin fare i n'en evin cure,
Ni de les recevor dans let mahhon;
Spendant vas let neue que s'approuche,
Lou selou couchi, qui jalo si fo,
Et let Virge qu'ato tout fin prouche,
De s'escouchié d'in Affan Ro.

Lasmar les val sans feüe, sans aithe,
San bo, sans lée, ni sans mahhon,
Pou les mere qu'alo en haithe,
Beilli de quet pou nout ranson;
Y lorton tu don de let Bourgaide,
Serouaitan sans se dire mou,
Quand Jousé se vai beilli de oüaïde
D'in leüe ca runé tout pathiou.

Im me fa mou ma, met chire Cousine,
De vous vor si for pabti,
Pendant lou tems de vos gesine,
Lasmar j'en su tout esheli,
Vassi tout conte enne maihere,
Ce que i nous i faro allé,
Lou boin Dée que voüe nout misere,

Eret pitié de nous toulet.

Let sainte Virge ne répon meu,
Pouhta que lou ceuche li fand,
De vor qu'en eune ville i n'y evo meu,
Pou lou pore eune boine gen,
Val ce que d'ehin zor ensanné,
Nos dou lou boin chire Jousé;
Quand met venu huchié met tante Anne,
Pouhta que l'ato tems de s'en retourné.

Nous at por Megniez de villeige,
Ercounnahhou meüe noute Cheignou,
Que vin pou savé notre ligneige,
Et pou puni ces malheuroux;
Demandons li teurtou let graice,
D'eul bin servi jusquet let mo,
Et que di fa serpent noute raice,
Ne peüe senti jemoi lou mo.

~~~~~~~~~~~~~~~~~~~~~~~~~~~~~~~~~

AUparavant que Jesus, notre Maître,
   Qui désiroit nous sauver tout de bon, *bis.*
Vint ici-bas, et chez nous voulut naître,
Nous vivions tous sous la loi du démon.
Bon, bon, bon, bon; bon, bon, disoit ce traître,
Je ferai trembler les hommes sous mon nom. *bis.*

Dès que des Cieux ils eurent reçus l'être,
Ils ont perdu leur réputation,   *bis.*
Car les ingrats cessant de le connoître,
Ils ont péché, suivis leur passion,
Bon, bon, bon, bon, bon, bon, disoit ce traître,
J'ai donc fait trembler les hommes sous mon
   nom.   *bis.*
Le Père Adam, qui juste pouvoit être,

Fut surmonté par la tentation, *bis.*
Lui qui d'un mot pouvoit envoyer paître
Le beau sujet de sa perdition ;
Bon, bon, bon, bon, bon, bon, disoit ce traître,
J'ai donc fait trembler Adam dessous mon nom.

Son fils Caïn, dont l'ame fut noire,
Apprit de moi cette belle leçon ; *bis.*
Il assomma d'un coup, d'une mâchoire,
Son frère Abel qui fut si bon garçon.
Bon, bon, bon, bon, bon, bon, disoit ce traître,
J'ai donc fait trembler Caïn dessous mon
    nom. *bis.*

Le bon David, quoique grand Patriarche,
A son honneur fit-il pas un faux bon, *bis.*
S'il eut encore fait la moindre démarche,
Je le tenois dans ma possession.
Bon, bon, bon, bon, bon, bon, disoit ce traître,
J'ai donc fait trembler David sous mon
    nom. *bis.*

Ainsi parloit contre les pauvres hommes
Le cautuleux et l'orgueilleux démon ; *bis.*
Tant de pécheurs du beau siècle où nous sommes,
Que ceux du temps de la création.
Bon, bon, bon, bon, bon, bon, disoit ce traître,
J'ai donc fait trembler les hommes sous mon
    nom. *bis.*

Mais quand il sut que Dieu, souverain Prêtre,
Avoit pour nous quelque compassion, *bis.*
Que parmi nous il s'en alloit paroître,
Lors il se tut, et nous prîmes son ton ;
Nous dîmes bon, bon, bon, bon, le méchant
    traître,
Il ne nous fera plus trembler sous son nom. *bis.*

Noël, sur l'air:

Le Curé de Mole joue de sa viole.

MOn Onclin Quertaille   *bis.*
  Revaille teu, revaille,   *bis.*
Ca val in Einge de Dée,
Coum sullet de nous moutée,
Que dit que j'aillinhe en boite,
Et let grinche de Chan Bourlée.

  Vor eune Feil Mere,   *bis.*
Que s'éscouchi hiere,   *bis.*
D'in Poupay qu'à lou Messie,
Preumis par les profétie,
Pou nous pardonné nos fâtes,
Nous faihant ses héritiers.

  Teurtou don ensanne,   *bis.*
Courons met Tante Anne   *bis.*
Pou vor l'Affan let divin,
Que nous vint fair gens de bin,
Qu'in chesquin de set puhhance,
Li poutieuh ecque di fin.

  Pou couri pu vîte,   *bis.*
Met Tante Merguitte,   *bis.*
Laihon toussi nos soulet,
Nos houlat, et pu dalet,
So qu'eront les meillou jambes,
Seront les preumei toulet.

  Il faret Mordabe,   *bis.*
Dansi et l'Etabe,   *bis.*
Pou beilli in po de pesse tems,
A son de let Chive de Chan,
Pou bin rejay let Mere,

Et en ca sou chir Affan.

Joüe de let viole,   *bis.*
Lou Curé de Mole,   *bis.*
J'escoudrai mou flajoulet,
A son de let chanson let,
Mai Chan etou de set Chive,
Lou preumei commenceret.

 Dalet les Baisselles,   *bis.*
Que sont les plus belles,   *bis.*
Vront priei lou bel Affan,
Si sat sou contentement,
De laihir fair let danse,
Pu je li ferons nos preusens.

 Je l'i beillerai in oye,   *bis.*
Et enca d'y foye,   *bis.*
D'in grais pouhhé que j'evons,
Teu li beillerez in mouton,
Ou in Eigné des pu tanre,
Chan di laid pour des lairdons.

 Leucie de let ferine,   *bis.*
Mai de let pu fine,   *bis.*
Evou in poutat de laissé,
Que ne som enca escrêmé,
Et ca in paillon pou fàre,
Let bouilli à nouveau né.

 Mai qui panret oüaithe,   *bis.*
Pendant nos embaithès,   *bis.*
Et nos berbis, i faro,
Qu'inc oüaidheuh evou Briffo;
Atrement le peu diail de loup,
Stepoi quequinc en paro.

 Il n'y et pahhone,   *bis.*
Qu'Onclin Chan Gergone,   *bis.*

Assi bin à talon let.

Tes mules, la tout jalet,
Jesmai in nous pourro cheure,
Ni dansi quan je serons toulet.

   Epret let courante,   *bis.*
Je ferons nos offrandes,   *bis.*
Et pu je nous en revinrons,
Quand j'eurons eveu pardon,
De l'Affan qu'est Dée pou Pere,
Et pou Mere Merion.

Noël, sur l'air : *Laissez paître vos bêtes.*

VEnez, divin Messie,
   Sauvez nos jours infortunés,
Venez, source de vie,
Venez, venez, venez :
Ah! descendez, hâtez vos pas,
Sauvez les hommes du trépas,
Secourez-nous, ne tardez pas ;
Venez, divin Messie,
Sauvez nos jours infortunés,
Venez, source de vie,
Venez, venez, venez.

   Ah! désarmez votre courroux,
Nous soupirons à vos genoux,
Seigneur, nous n'espérons qu'en **vous** :
Pour nous livrer la guerre,
Tous les enfers sont déchaînés ;
Descendez sur la terre,
Venez, venez, venez.
   Que nous souffrons de maux divers,
L'affreux démon nous tient aux fers,

Nous gémissons dans les enfers ;
Vous voyez l'esclavage
Où vos enfans sont condamnés ;
Conservez votre ouvrage :
Venez, etc.

Eclairez-nous, divin flambeau,
Parmi les ombres du tombeau,
Faites briller un jour nouveau ;
Aux plus affreux supplices,
Nous auriez-vous abandonnés ?
Venez, Sauveur propice :
Venez, etc.

Que nos soupirs soient entendus ;
Les biens que nous avons perdus
Ne nous seront-ils point rendus ?
Voyez couler nos larmes,
Grand Dieu, si vous nous pardonnez,
Nous n'aurons plus d'alarmes :
Venez, etc.

Si vous venez en ces bas lieux,
Nous nous verrons victorieux,
Fermer l'enfer, ouvrir les Cieux ;
Nous l'espérons sans cesse ;
Les Cieux nous furent destinés,
Tenez votre promesse :
Venez, etc.

Ah ! puissions-nous chanter un jour
Dans votre bienheureuse Cour,
Et votre gloire et votre amour ;
C'est là l'heureux partage
De ceux que vous prédestinez ;
Donnez-nous-en un gage :
Venez, etc.

Noël, sur l'air : *Or nous dites, Marie,*
ou : *Attendez-moi sous l'orme.*

ENfans de la Judée,
 Terminez vos clameurs,
Effacez-en l'idée,
Et calmez vos langueurs,
Il vous vient un Messie,
Un Roi, un Rédempteur,
Qui, de votre patrie,
Veut être le Sauveur.

 Voyez dans vos Prophétes
Son saint avénement ;
Célébrez dans vos Fêtes
Le jour et le moment
De l'heureuse naissance
Du Souverain des Rois,
Qui seul a la puissance
De vous donner des lois.

 Quittez vos sacrifices,
Vos parfums, vos odeurs,
JESUS, sous ses auspices,
Immolera vos cœurs
A la Grandeur suprême
De votre Créateur,
Et les eaux du Baptême
Feront votre bonheur.

 N'ayez plus pour victimes
De pauvres animaux ;
Purgez-vous de vos crimes
Dans les sacrés travaux
D'une humble pénitence,

D'un parfait repentir,
Que votre conscience
Vous fera ressentir.

    Courez dans la Bourgade,
Qu'on nomme Bethléem,
Moindre dans sa parade
Que n'est Jérusalem,
N'ayant pas la peinture
De la sainte Cité,
Ni même la figure,
Mais bien la vérité.

    Vous verrez votre Maître,
Votre Législateur,
Qui prend un nouvel être,
Et sort comme une fleur
Du sein de Marie,
Fille du Paradis,
Qui ternit, par sa vie;
La blancheur de nos lys.

    Rendez-lui vos hommages,
Vous êtes ses Vassaux,
Prévenez les Rois Mages,
Et tous les commençaux :
Ayez la préférence,
Même sur les Bergers,
Par droit de bienséance,
Lui étant bien plus chers.
N'écoutez plus vos Scribes,
Vos docteurs Pharisiens,
Ils sont pis que des Tigres,
Et n'en veulent qu'aux biens,
Aux honneurs, à la gloire;
Pleins de témérité,

Pour s'exempter de croire,
Cachent la vérité.

En suivant leurs maximes,
Vous vous égarerez,
Vous n'aurez plus de Temples ;
Dans tous les plus noirs crimes,
Vous vous abymerez ;
Plus de Religion,
Et n'aurez pour exemples
Que leur ambition.

Les Gentils idolâtres,
Qui n'avoient point de loi,
Nés de mères marâtres,
Accepteront la foi :
Vous souffrirez la guerre,
Le Temple renversé,
Et par toute la terre
Un peuple dispersé.

~~~~~~~~~~~~~~~~~~~~~~~~~~~~~~~~~

Noël, sur l'air : *Frère André disoit à Grégoire.*

VOici le jour de la naissance
De notre divin Rédempteur,
Qui commence notre bonheur ;
Chantons tous en réjouissance ;
Vive, vive, vive le Maître des Cieux,
Qui vient de naître en ces bas lieux.

Commence la cérémonie,
Troupe céleste, en légion,
Faites retentir son saint Nom,
Au son de votre symphonie :
Vive, vive, vive, etc.

Tout le Clergé viendra ensuite,
Qui suivra tout le Gonfanon,
Et les Moines s'assembleront
Pour aller rendre leurs visites :
Vive, vive, vive, etc.

Pour ceux qui sont sous la réforme
Du Patriarche saint Benoît,
Prétendent bien d'avoir bon droit,
De chanter placés dans les formes :
Vive, vive, vive, etc.

Qui commencera la harangue,
Ce seront les Frères prêcheurs,
Ils ont de bons Prédicateurs,
Et qui diront en plusieurs langues :
Vive, vive, vive, etc.

Et pour user de prévoyance,
Ceux de l'Ordre de saint François
Se détacheront deux ou trois,
Pour aller dresser la crédance :
Vive, vive, vive, etc.

Les fils d'Elie sont magnifiques,
Ils savent bien tous le plain-chant,
Ils chanteront, chemin faisant,
Quelques Noëls des plus beaux cantiques :
Vive, vive, vive, etc.

Les Capucins, quoique nuds pieds,
Ne laisseront pas d'y aller ;
On les pourra faire quêter,
Pour faire à l'Enfant la bouillie :
Vive, vive, vive, etc.

Les bons Pères de l'Oratoire
Mettront en forme d'argument,
Prouvant que le petit est grand,

Et que sur tous on les doit croire:
Vive, vive, vive, etc.

Les Séculiers viendront ensuite,
Pêle-mêle, jeunes et vieux,
Pour adorer cet Enfant-Dieu,
Qui, met notre ennemi en fuite:
Vive, vive, vive, etc.

L'on ordonne à toutes les Dames,
Qui sont de la Conception,
D'aller à la Procession,
Rangées devant toutes les femmes:
Vive, vive, vive, etc.

Noël, sur l'air: *Les Bourgeois de Chartres.*

CHantons tous la naissance
Du grand Maître des Cieux,
Pour notre délivrance
Il est né dans ces lieux,
L'endroit est Bethléem;
Tous les Couvens des Filles
Ont la permission, don, don,
Pour l'aller trouver là, la, la,
D'abandonner leurs grilles.

Les Dames Bernadines,
S'en vont faire leur cour,
En braves Pélerines,
Témoignant leur amour;
L'Enfant fit un souris
A Madame l'Abbesse,
Et d'un air mignon, don, don,
Lui dit, placez-vous là, la, la,

En lui faisant caresse.
   Les Dames Sainte-Claire
Pourroient n'y pas aller,
Ce n'est pas leur affaire,
A moins que d'y voler ;
De marcher à pieds nuds,
La chose paroît dure,
Mais elles s'en riront, don, don,
Elles ne craignent pas, la, la,
Le chaud ni la froidure.
   Les Dames Urbanistes
N'y vont pas pieds nuds,
Mais d'un grand pas fort vîte,
Elles y ont accourues,
D'un chant mélodieux,
Annonçant les louanges,
Ce divin Poupon, don, don,
Qu'elles ont trouvé là, la, la,
Environné des Anges.
   Voici les Carmélites,
Entrez, dit le Poupon,
Venez, mes favorites,
Qu'apportez-vous de bon ?
Nous apportons nos cœurs,
Ils ne sont pas pour d'autres,
Nous vous les présentons, don, don,
Votre amour les rendra, la, la,
Tous semblables au vôtre.
   Mères Bénédictines,
Venez, dépêchez-vous,
Avancez vos Matines,
Pour venir avec nous ;
Venez mêler vos voix

Parmi celles des Anges,
Apportez vos bassons, don, don,
Et vos airs d'opéra, la, la,
Pour chanter ses louanges.

Avec un air modeste,
Cette Communauté,
Que l'on nomme Céleste,
Admirant la beauté
Que l'on voyoit briller
Sur l'Enfant et sur la Mère,
S'écria, nous voyons, don, don,
Ce que l'Ange annonça, la, la.
Touchant ce grand Mystère.

Voyez-vous dans la plaine
La Visitation,
Elles courent en centaine
A l'invitation,
Le cœur tout embrasé,
Paroissant hors d'haleine;
Où les logera-t-on ? don, don,
Jamais tout n'entrera, la, la,
L'Etable en seroit pleine.

Les Dames Augustines,
En Congrégation,
Pour former leur doctrine,
Reçoivent les leçons
De ce divin Enfant,
Qui ne fait que de naître;
Leurs constitutions, don, don,
Auront bien de l'éclat, la, la,
Venant d'un si bon Maître.

Joseph, dans le silence,
Attentif écoutoit,

Ce qu'en reconnoissance
La Vierge leur disoit,
Nous vous aurons, mes Sœurs,
Toujours à la mémoire,
Nous vous rappellerons, don, don,
Dans le temps qu'il faudra, la, la,
Vous placer dans le gloire.

A tout ce que j'en juge,
Je vois venir de loin,
La Mère du Refuge,
La discipline en main,
Pour ranger les pécheurs,
Car cela les réveille;
Je crois que le Poupon, don, don,
S'il s'y en trouve là, la, la,
Leur tirera l'oreille.

Portant le casque en tête,
Et la cuirasse au dos,
Une Ursule à la Fête,
Survint bien à propos;
On lui mit tout d'abord,
A la main une lance,
Pour garder le Poupon, don, don,
En criant qui va là, la, la,
Qu'en bon ordre on s'avance.

Les Sœurs hospitalières,
Pleines d'honnêteté;
Jusqu'à leurs mentonnières,
Sentent la propreté;
Vont offrir à l'Enfant
De quoi le mettre à l'aise;
Une belle maison, don, don,
Où rien ne manquera, la, la,

Pourvu qu'elle lui plaise.

Pour remplir leurs Offices,
Les Sœurs du Saint-Esprit
Vont offrir leurs services
Au Père comme au Fils,
Mais ayant vu l'Enfant
Sur le sein de sa Mère,
S'écrièrent, retournons, don, don,
On n'a pas besoin, la, la,
De notre ministère.

On répète : Joseph dans le silence, etc.

FIN.

www.ingramcontent.com/pod-product-compliance
Lightning Source LLC
Chambersburg PA
CBHW060632100426
42744CB00008B/1593